知的財産管理技能検定®

TAC知的財産管理技能検定®講座 編

3級 学科

早稲田経営出版
TAC PUBLISHING Group

本書は，2021 年 11 月，2022 年 3 月・7 月検定に対応した書籍であり，2021 年 7 月 1 日
現在有効な法令に基づいて執筆しております。

　なお，2021 年 7 月 1 日現在で未施行の法改正で，本書対応検定回の各法令基準日までに施
行されることが確定した法改正については，随時，下記ホームページの早稲田経営出版の正誤表・
法改正情報コーナーにて「法改正情報」を掲載いたします。

TAC 出版書籍販売サイト　「Cyber Book Store」

https://bookstore.tac-school.co.jp/

はじめに

　知的財産管理者技能検定®は，平成16年に「知的財産検定」という民間資格で始まりました。その後，平成20年度から国家資格に移行し，名称も現在の「知的財産管理者技能検定®」に改められました。

　知的財産検定の時代から試験傾向を探ってみると，基本的な問題についても絶えず出題され続けていますが，当初に比べて難しい問題が増えてきています。

　そこで本書では，出題傾向の変化も踏まえ，出題されている問題を落とすことのないようテーマを厳選し，合格するために必要な知識をまとめました。

　各テーマでは過去問やオリジナル問題を用いて，より深くテーマの趣旨を理解でき，解答できる応用力を短期間で身に付けることができるよう工夫されています。

　章末には「過去問にチャレンジ！」を設けました。合格の可能性を高めるためには，確実に取れる1点を落とさないことや，過去問題のマスターは必須といえます。

　あなたも是非この試験にチャレンジしてもらいたいものです。これからは知的財産の知識は必須です。本書で学んだ知識が様々な局面で大きな力を発揮することでしょう。

　本書を活用することで一人でも多くの方が試験に合格され，新たな活躍の場を得る一助になれば幸いです。

　2021年8月

弁理士　栢原崇行

※"知的財産管理技能検定®"は，「知的財産教育協会」の登録商標です。
※過去問の掲載につきましては，「知的財産教育協会」の承諾を得ております。

知的財産管理技能検定® とは？

　知的財産管理技能検定®とは，企業などにおける知的財産管理に関する専門知識と技能を測る国家試験です。

　1級から3級まで3つの等級に区分され，それぞれ学科試験と実技試験があります。各等級とも両方の試験に合格すると「知的財産管理技能士」の資格が与えられます。さらに1級では，特許専門業務，コンテンツ専門業務，ブランド専門業務に等級が分かれています。

　知的財産の権利に関するさまざまなスキルを育成する目的で平成16年に民間資格として始まった知的財産検定は，平成20年度から国家資格に移行し，名称も現在の「知的財産管理技能検定®」と改められました。知的財産分野での国家資格の創設は，まさに時代の要請であり，国が知的財産に関する能力を備えた人材育成に国策として取り組んでいることの表れです。

知的財産とは？

　知的財産とは発明，著作物，デザイン，営業秘密等の無体物の財産をいいます。このような知的財産を保護するのが特許権や著作権等の知的財産権です。

　知的財産は私たちの身近にもさまざまなものがあり，小説や写真，映画等は著作物に該当し，著作権で保護されます。

　また，ブランドのロゴマーク等は商標に該当し，商標法で保護されます。

　著作物やロゴマーク等は目にする機会も多く，会社や学校でも著作権等の話題を耳にするのではないでしょうか。その他にも身の回りにある製品のデザインや，使用されている技術も知的財産に該当します。

知的財産を学習する意義

　産業・経済・金融等のあらゆる分野で，グローバル化は加速の一途をたどっています。グローバル化が進む中，鉱物資源の少ない日本が世界に対抗できる分野は，技術や，アニメ，テレビゲームを代表とする著作物の「知的資源」であり，企業等にとっては重要な経営資源となるものです。しか

し，例えすぐれた技術や著作物を創造しても，適切に保護され，有効に活用されなければ，真の著作物とはいえません。これらの知的資源を活用するためには，知的財産の保護強化を図る他ありません。

そのため，知的財産に関する管理・活用に精通した人材は，企業の知的財産部や法務部といった部署だけではなく，あらゆる部署で求められています。

資格取得のメリット

知的財産技能士は能力の証明であり，何か独占業務があるわけではありません。しかし，就職でのアピールポイントや，転職や職場でのキャリアアップ等に利用できます。

また，弁理士等の他資格へのステップアップにもなります。

試験概要・実施スケジュール

知的財産管理技能検定®3級の試験概要は以下の通りです。

試験日程	原則として年3回，3月，7月，11月 ※実施回によって実施地区は異なります。
試験時間	学科試験…11:15～12:00，実技試験…12:30～13:15
法令基準日	試験の解答にあたっては，問題文に特に断りがない限り，試験日の6カ月前の月の1日現在で施行されている法令等に基づくものとなります。
受検申請	試験日の約5カ月前から開始 （Web又は郵送にて申込となります。） ※受検資格によって郵送申込のみになる場合があります。
合格発表	試験日から1カ月半後（Webもしくは郵送にて行われます。）
受検手数料	学科試験…5,500円（非課税），実技試験…5,500円（非課税）

併願受検について

2級と3級同時に受検するといった，複数の級の併願受検はできません。

2級の学科試験と実技試験，3級の学科試験と実技試験の併願受検は可能です。

主な受検資格

　原則として，知的財産管理職種での実務経験が必須となります。必要とされる年数は等級によって異なります。

　3級の場合は，以下のいずれかに該当する者です。

①	知的財産に関する業務に従事している者又は従事しようとしている者
②	3級知的財産管理技能検定®の一部合格者 （学科又は実技いずれか一方の試験のみの合格者）

　3級に関しては基本的にどなたでも受検することができます。

試験形式

　知的財産管理技能検定®は「学科試験」と「実技試験」の2種類の試験形式があります。

　学科試験では業務上必要とされる知識を問われ，実技試験ではその知識を応用して業務上の課題を解決する能力を問われます。

　3級の試験形式は以下の通りです。

試験種類	試験形式	問題数	制限時間
学科試験	筆記試験 （マークシート方式　3枝択一式）	30問	45分
実技試験	筆記試験（記述方式）	30問	45分

傾向と対策

　学科試験では，大半の問題が基本制度の理解をそのまま問う形で出題されます。実技試験では，具体例を通じて問う形になっているものの，問われている知識自体は学科試験と大差ありません。出題範囲としては，特許法，著作権法がツートップでそれに続くのが商標法です。それ以外の分野は，学科，実技それぞれで1～3問出題されるに過ぎない上に，特許法の知識を応用することで解ける問題も多くありますから，特許法，著作権法の正確な知識が備わっているかどうかが合格の決め手になります。

合格基準

　各等級，試験種類毎に合格基準があり，各等級とも両方の合格が必要で

す。3級は以下の通りです。

試験種類	合格基準
学科試験	満点の70%以上
実技試験	満点の70%以上

　一部合格（学科試験のみ又は実技試験のみ）した場合は，合格日の翌々年度までに行われる技能検定において，免除申請ができ，該当の試験が免除されます。ただし，免除申請には有効期限がございますので，ご注意ください。

知的財産管理技能検定®3級　本書掲載分の受検者数・合格者数の推移

【学科】

実施回	第30回	第31回	第32回	第33回	第34回
受検申込者数	3,268人	3,149人	2,697人	3,425人	3,109人
合格者数	2,060人	2,004人	1,720人	2,300人	2,172人
合格率	63.0%	63.6%	63.8%	67.1%	69.9%
実施回	第35回※	第36回	第37回	第38回	
受検申込者数		3,170人	3,094人	2,428人	
合格者数		2,103人	2,099人	1,509人	
合格率		66.3%	67.8%	62.1%	

【実技】

実施回	第30回	第31回	第32回	第33回	第34回
受検申込者数	3,039人	3,057人	2,485人	3,180人	2,943人
合格者数	1,862人	2,180人	1,853人	2,266人	2,306人
合格率	61.3%	71.3%	74.6%	71.2%	78.4%
実施回	第35回※	第36回	第37回	第38回	
受検申込者数		2,980人	2,958人	2,418人	
合格者数		2,061人	1,925人	1,799人	
合格率		69.1%	65.0%	74.4%	

※　第35回検定は，政府からの自粛要請等にしたがい，新型コロナウイルス感染症の感染拡大防止の観点から，実施は自粛しました。

受検資格や受検申込の詳細及びお問い合わせは
「知的財産教育協会　検定運営事務局」へお尋ねください。
　http://www.kentei-info-ip-edu.org/

出題分析データ

本書掲載分　第30回（2018年7月実施）～38回（2021年3月実施）※第35回不実施

◆ 学科

学科	問題数	割合
特許法・実用新案法	53	22.1%
意匠法	20	8.3%
商標法	33	13.8%
著作権法	72	30.0%
不正競争防止法・独占禁止法・その他	39	16.2%
条約	23	9.6%
合計	240	100.0%

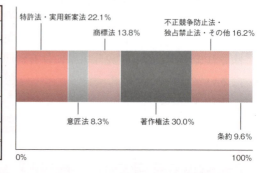

◆ 実技

学科	問題数	割合
特許法・実用新案法	80	33.3%
意匠法	25	10.4%
商標法	44	18.3%
著作権法	65	27.1%
不正競争防止法・独占禁止法・その他	10	4.2%
条約	16	6.7%
合計	240	100.0%

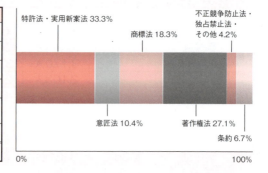

1 特許法・実用新案法

学科では制度全般について広く問われています。その中でも出題頻度が高いものとしては，特許要件，出願公開，出願審査請求です。
実技では，主に発明の定義，特許要件，拒絶理由の対応について長文の事例問題（問1～問6まで）で問われます。また，侵害に関する問題もほぼ毎回出題されます。

2 意匠法

意匠法では，学科・実技ともに3問程度しか出題されませんが，1つの問題でさまざまな制度を問う問題が出題されるため，制度全般を理解する必要があります。

3 商標法

学科では保護対象，登録要件，商標権についての問題等，幅広い知識が問われます。実技では，学科と同様の知識が問われる問題も出題されますが，侵害に関する問題や審判に関する問題がより出題されやすい傾向があります。

4 著作権法

著作権法では，学科・実技ともに，著作物，著作財産権，著作権の利用と制限，著作権の侵害についてほぼ毎回出題されます。特に著作権の利用と制限については，実技で長文の事例問題（問7～問12まで）で問われやすい傾向にあります。

5 不正競争防止法・独占禁止法・その他

学科では不正競争防止法について不正競争行為と営業秘密の2問，種苗法（登録要件又は育成者権），民法（契約），弁理士法（独占業務），独禁法についてそれぞれ1問ずつ問われるパターンが多いです。
実技では種苗法のみ1問出題され，他の法律については出題されないことが多いです。ごくまれに民法や独禁法について出題されます。

6 条 約

条約については，学科・実技ともに，主にパリ条約とPCT，これらの複合問題について出題されます。まれに日本が加盟している条約について問われたり，TRIPS協定についての問題が出題されることもあります。

本書の使い方

本書のメインパートは，以下の A から I までの9つの要素から構成されています。

A 本試験問題

本試験の問題文をそのまま掲載していますが，法改正等に対応して一部改題をしている問題もあります。
実施回次の表示例：
2021年3月第2問→ **21-3-2**

A' 予想問題

本試験問題の出題傾向を分析した結果，次回以降で出題が予想されるテーマについてのオリジナル問題です。

B 予想選択枝（プラスの枝）

掲載した本試験問題に加え，出題が予想される選択枝です。ただし，空欄問題などでは，「出題のされ方」のバリエーションを作成しており，冒頭の指示に従って ○×を判断してください。

C テーマ解説

本試験問題と予想選択枝をトータルで考えたときのテーマが何かを明示し，そのテーマについて解説しています。問題を解くカギになる知識・用語を丁寧に解説しているので，より実戦的な理解が身につきます。

問題 8 21-3-2

ア〜ウを比較して，特許出願の明細書に記載しなければならない事項として，最も適切と考えられるものはどれか。

ア 発明の名称，図面の簡単な説明，発明の詳細な説明
イ 図面の簡単な説明，図面，発明の要約
ウ 発明の名称，発明の詳細な説明，特許請求の範囲

➕ プラスの枝

適切なものに○をしなさい

1 発明の名称には，ネーミングのような造語でもよい。
2 発明の詳細な説明には，その発明の属する技術分野における通常の知識を有する者がその実施をすることができる程度に明確かつ十分に，記載しなければならない。
3 図面の簡単な説明には，添付した図面がどのような内容の図面であるかを，図毎に簡単に説明する。
4 明細書には先行技術文献情報を必ず記載しなければならない。

テーマ解説 特許出願に必要な書類と明細書記載要件 合否の分かれ目

特許出願を行う場合には，願書，特許請求の範囲，明細書，必要な図面及び要約書を特許庁長官に提出しなければなりません。ここで図面に関しては「必要な」となっていますので，図面が不要な場合は省略可能です。
また，明細書には，「発明の名称」「発明の詳細な説明」「図面の簡単な説明」，の3つの事項を記載しなければなりません（特許法36条3項）。
さらに「発明の詳細な説明」は，経済産業省令で定めるところにより，その発明の属する技術の分野における通常の知識を有する者がその実施をすることができる程度に明確かつ十分に記載したものであることが求められます（特許法36条4項1号）。

16

D 頻出 よくでる！ 合否の分かれ目

本書に掲載している過去8回のうち5回以上出題されたテーマに「頻出」，2回以上4回以下出題されたテーマに「合否の分かれ目」アイコンをつけました。「頻出」は合格するために確実に得点してもらいたいテーマ，「合否の分かれ目」はこのランクをどこまで得点できるかが合格の分かれ目となるテーマなので，問題を繰り返し解く中で意識してみてください。

基本の知識を チェック！

次の文章は，正しいか，誤っているか。

1 人間に対する手術や治療方法は，産業上利用することができる発明に該当する。

H 基本の知識をチェック

合格にこだわる本書ならではのダメ押しのコーナー。「この1点」を落とさないために「基本の知識をチェック」し，知識をムダなく正確に身につけてください。

特許法・実用新案法

問題8 解答

ア ○ **明細書記載事項**
明細書には，発明の名称，図面の簡単な説明及び発明の詳細な説明を記載する必要があります（特許法36条3項）。

イ × **図面，要約書**
図面の簡単な説明は明細書に記載すべき事項ですが，図面は明細書でなく図面に，発明の要約は要約書に記載すべき事項です。

ウ × **特許請求の範囲**
特許請求の範囲は明細書ではなく，特許請求の範囲という書類に記載しなければなりません。

正解

➕ **プラスの枝 解答**

1 × **発明の名称の記載要件**
発明の名称は，発明の内容がどのようなものであるかを端的，かつ簡潔に一般名称・普通名称で表現しなければなりませんので，造語は認められません。

2 ○ **発明の詳細な説明の記載要件**
特許制度は，発明を公開した者に対し，その代償として一定期間の独占排他権を与えるものです。発明の詳細な説明が明確に記載されていないと，発明公開の意義は失われ，ひいては特許制度の目的も失われてしまうので，記載要件として法律で明記されています（特許法36条4項1号）。

3 ○ **図面の簡単な説明の記載要件**
図面の簡単な説明の欄には，添付してある図面の1つ1つについて，発明のどの部分を表した図であるかを，「…を示す平面図」「…を示す一部断面図」のように簡単に説明します。

4 × **先行技術文献情報開示要件**
特許を受けようとする者（出願人）が特許出願のときに，特許を受けようとする発明に関連する発明を知っている場合には，その関連する発明が記載された刊行物の名称その他の先行技術文献情報を発明の詳細な説明に記載しなければなりません（特許法36条4項2号）。したがって，「必ず」という記述は誤りです。

17

E 解答解説・キーワード

ポイントをおさえた枝毎の解説です。○×の横には，テーマ解説とリンクするキーワードを表示しました。

F テキスト参照ページ

本書の姉妹書である『知的財産管理技能検定® 3級 スピードテキスト』の参照ページです。本試験問題・予想問題を解いたあとに参照ページを参考に復習を進めると，よりいっそう理解の定着がはかれます。

G 予想選択枝の解答解説・キーワード

E と同様，オリジナルの予想選択枝についての解答解説・キーワードです。

過去問にチャレンジ！

問1　　　　　　　　　　　　　　　　　19-7-21

ア～ウを比較して，発明，考案の保護に関して，最も**不適切**と考えられるものはどれか。

I 過去問にチャレンジ

本試験では細かい論点もときには出題されます。**A** では取り上げなかった本試験のうち，それでも見逃すわけにはいかない問題をピックアップして掲載しました。

また，**もう一度check!▶** として適宜，**A** のうち関連する問題番号を示しました。過去問が思うように解けなかった場合，メインパート**A** に戻って復習をしましょう。

xi

目 次	**3 級 / 学 科**

Part 1 特許法・実用新案法

問題 1	知的財産法の種類	2
問題 2	特許法の目的	4
問題 3	発明の定義	6
問題 4	特許要件	8
問題 5	産業上の利用可能性	10
問題 6	新規性	12
問題 7	先願主義	14
問題 8	特許出願に必要な書類と明細書記載要件	16
問題 9	特許出願に関する手続の期限	18
問題10	特許権の存続期間	20
問題11	出願公開制度	22
問題12	出願公開の請求	24
問題13	出願審査請求	26
問題14	特許発明の技術的範囲	28
問題15	実施権	30
問題16	特許権が侵害された場合の救済措置	32
問題17	国内優先権	34
問題18	拒絶理由通知を受けた出願人が取り得る措置	36
問題19	拒絶査定を受けた出願人の対応	38
問題20	特許権の発生	40
問題21	特許権の侵害	42
問題22	特許庁への登録の効果	44
問題23	実用新案法の保護対象	46
問題24	実用新案法の制度	48
	基本の知識をチェック！	50
	過去問にチャレンジ！（19問）	52

Part2 意匠法

問題 1	意匠制度	72
問題 2	意匠登録を受けることができる意匠	74
問題 3	意匠登録を受けることができない意匠	76
問題 4	意匠の登録要件	78
問題 5	意匠権の効力	80
問題 6	関連意匠制度	82
問題 7	意匠権の存続期間	84
問題 8	意匠権が侵害された場合の救済措置	86
	基本の知識をチェック！	88
	過去問にチャレンジ！（7問）	90

Part3　商標法

問題 1	商標法の保護対象	98
問題 2	商標の機能	100
問題 3	登録要件	102
問題 4	商標法の制度	104
問題 5	商標権の発生及び効力	106
問題 6	専用権と禁止権	108
問題 7	商標登録出願の審査又は手続	110
問題 8	商標権の侵害と救済措置	112
問題 9	商標権の管理	114
問題10	不使用取消審判	116
	基本の知識をチェック！	118
	過去問にチャレンジ！(12問)	120

Part4　著作権法

問題 1	著作権法の保護対象	134
問題 2	著作者	136
問題 3	著作権	138
問題 4	著作財産権	140
問題 5	私的使用のための複製	142
問題 6	著作者人格権	144
問題 7	著作物の保護期間	146
問題 8	著作隣接権	148
問題 9	著作権の制限	150
問題10	著作物の引用	152
問題11	二次的著作物	154
問題12	著作権が侵害された場合の救済措置	156
問題13	著作権の周辺にある権利	158
	基本の知識をチェック！	160
	過去問にチャレンジ！(18問)	162

Part5　不正競争防止法・独占禁止法・その他

問題 1	不正競争行為	182
問題 2	営業秘密の定義	184
問題 3	営業秘密に関する不正行為	186
問題 4	独占禁止法の目的	188
問題 5	独占禁止法における禁止行為	190
問題 6	独占禁止法と知的財産法	192
問題 7	パテントプールに関する独占禁止法上の問題点	194
問題 8	弁理士の業務	196
問題 9	弁理士業務の拡大	198
問題10	品種登録の要件	200
問題11	育成者権	202
問題12	地理的表示法	204
	基本の知識をチェック！	206
	過去問にチャレンジ！（12問）	208

Part6　条　約

問題 1	パリ条約	222
問題 2	特許協力条約（PCT）	224
	基本の知識をチェック！	226
	過去問にチャレンジ！（9問）	228

知的財産権の発生時期と存続期間の一覧

◆産業財産権◆

	保護対象	権利発生時期	存続期間
特許権	発　明	設定登録	出願日から20年
実用新案権	考　案	設定登録	出願日から10年
意匠権	意　匠	設定登録	出願日から25年
	関連意匠	設定登録	本意匠の 出願日から25年
商標権	商　標	設定登録	設定登録の日から10年 （更新可）

◆著作権◆

		始　期	終　期
著作物の種類	著作物	著作物の創作時	著作者の死後70年
	無名・変名の著作物	同　上	公表後70年
	団体名義の著作物	同　上	公表後70年
	映画の著作物	同　上	公表後70年

◆種苗法◆

	保護対象	権利発生時期	存続期間	
育成者権	品　種	品種登録	原　則	品種登録の日から25年
			例　外 （永年性植物）	品種登録の日から30年

Part 1

特許法
実用新案法

Introduction

長い年月と多額の費用をかけて，ようやく「発明」した新しい技術が，他の会社に流用・模倣されてしまった！　これでは，せっかく「発明」した苦労が台無しですね。Part 1 では，これらの「発明」「考案」を保護するための「特許制度」「実用新案制度」について，「特許権」「実用新案権」が認められるための要件や手続について確認していきましょう。

 予想問題

ア〜ウを比較して，知的財産法に含まれる法律として，最も<u>不適切</u>なものはどれか。

　ア　実用新案法　　イ　不正競争防止法　　ウ　刑法

 プラスの枝

知的財産法に含まれる法律として適切なものに○をしなさい

　1　著作権法　　　2　意匠法　　　3　商標法
　4　個人情報保護法　5　種苗法

 知的財産法の種類

知的財産権とは，物品や不動産を対象に個別に認められる所有権（財産権）とは違います。今まで誰も考えつかなかった知識やアイデアによる経済的な利益等の成果・業績を認め，その権益を保証するために与えられる財産権のことです。つまり，頭脳から生まれたアイデアのうち，財産的価値を有するものに与える権利を知的財産権といい，それらを保護する法律を総称して知的財産法と呼んでいます。

知的財産法を大別すると，①産業の発達を目的とする産業財産権法，②文化の発展を目的とする著作権法，③その他の法律，と３つに分けることができます。産業財産権法は特許法，実用新案法，意匠法，商標法の４つの総称です。その他の法律には，不正競争防止法，種苗法，半導体集積回路法等が含まれます。

問題1　解答

ア　○　①産業の発達を目的とする産業財産権法（実用新案法）
　　　実用新案法とは，物品の形状，構造，組合せに係る考案を独占排他的に実施する権利を保護する法律で，産業財産権法の１つです。

イ ○ ③その他の法律（不正競争防止法）
不正競争防止法とは，公正な競争と国際的な約束の的確な実施を確保するため，不正競争の防止を目的として設けられた法律です。主な保護対象は営業秘密です。営業秘密は頭脳から生まれた知的財産ですので，知的財産法に含まれます。

ウ ✕ 刑法
刑法とは，犯罪と刑罰について規定するすべての法令の総称です。頭脳から生まれたアイデアを保護する法律ではないので，知的財産法には含まれません。

正解 ウ

プラスの枝　解答

1 ○ ②文化の発展を目的とする著作権法
音楽，芸術，出版物等，人間の感情，思想を創作的に表現したものを著作物といい，それを保護する法律を著作権法といいます。知的財産法の１つです。

2 ○ ①産業の発達を目的とする産業財産権法（意匠法）
優れたデザインは商品の売れ行きを左右します。そのため，良いデザインは模倣されやすく，そのデザインを保護する法律が必要になります。それが意匠法で，産業財産権法の１つです。

3 ○ ①産業の発達を目的とする産業財産権法（商標法）
会社のサービスマークや商品のネーミングを保護することにより，商品の円滑な流通やサービスの均一性を担保するための法律を商標法といい，産業財産権法の１つです。

4 ✕ 個人情報保護法
個人情報の不正な流用や，個人情報を扱う事業者がずさんなデータ管理をしないように，個人情報を取り扱う事業者を対象に義務を課す法律のことです。頭脳から生まれたアイデアを保護する法律ではないので，知的財産法には含まれません。

5 ○ ③その他の法律（種苗法）
種苗法とは，品種改良によって開発された新種の種苗を保護する法律です。頭脳から生まれたアイデアを保護する法律ですので，知的財産法に含まれます。

問題 2 予想問題

ア〜ウを比較して，特許法の目的として，最も適切と考えられるものはどれか。

- ア　発明を奨励し，産業の発達に寄与することを目的とする。
- イ　発明を奨励し，文化の発展に寄与することを目的とする。
- ウ　発明を奨励し，不正競争の防止を目的とする。

 プラスの枝

適切なものに○をしなさい

1　特許法の目的には，発明の公開の代償として出願人に一定期間独占権を付与することで，発明の保護を図るという側面がある。
2　特許法の目的には，公開された発明を第三者に利用する機会を与えることで，発明の利用の促進を図るという側面がある。
3　特許法の目的には，発明を第三者の目に触れさせないように秘密にすることで，発明の保護を図るという側面がある。
4　特許法の目的には，公開された発明を特定の人に利用する機会を与えることで，発明の利用の促進を図るという側面がある。

 特許法の目的

頭の中で考え出された知的財産は，お金や家等の財産と違って実体がありません。そのため，その内容が公になった時点で，極めて簡単に流用・複製が可能です。発明には莫大な開発費と膨大な時間，労力が必要です。それがいとも簡単に他人に真似されてしまっては，発明者の開発意欲は失われ，新たな研究開発は期待できません。このことは，消費者がより便利な新商品の恩恵を受けることができないばかりか，産業全体，ひいては人類にとって大きな損失です。そこで，特許法では，特許権，つまり一定期間独占権を付与することにより発明を保護し，特許権者とその発明を利用する第三者との調和を図りつつ技術の進歩を促し，産業の発達に貢献することを目的としています（特許法1条）。問題は，特許法の目的は何か，です。

問題2　解答

ア ○　特許法の目的
発明をした者に特別な権利（特許権）を与える代わりに，発明を公開させ，それを利用させることで，技術の累積進歩を促し，最終的には産業の発達を促進させることが特許法の目的です。

イ ✗　特許法の目的としては不適切
文化の発展に寄与することを目的としているのは著作権法です。

ウ ✗　特許法の目的としては不適切
不正競争の防止を目的としているのは不正競争防止法です。

プラスの枝　解答

1 ○　発明の保護
特許法は，新しい発明を開示した者に対して，その費用や労力，リスクの代償として特許権を付与することにより，発明を保護しています。特許権は，一定期間（20年間），特許権者のみが独占的に発明を実施できる独占排他権です。この権利が発明者の発明意欲を刺激し，さらなる技術開発が行われ，ひいては産業の発達が図られることとなります。

2 ○　発明の利用
特許法の目的は，平たくいうと技術の累積進歩による産業の発達です。1つの技術を改良又は応用することで，さらに優れた技術が生まれます。発明を公開し，第三者に利用する機会を与えることで，さらに優れた発明を生む機会が生まれるわけです。

3 ✗　特許法の目的としては不適切
特許出願しても第三者の目に触れさせないように秘密にしたままでは，第三者から発明を利用する機会を奪うことになります。秘密にするのではなく，積極的に公開し，その見返りとして独占権を与えることで，発明の保護を図ろうというものです。

4 ✗　発明の利用
特定の人ではなく一般公衆に公開することで，誰もが平等に閲覧できるようになります。広く知れ渡る機会が増えることで，発明の利用の促進が図られます。

問題 3 18-7-9

ア〜ウを比較して，特許法で規定されている発明として，最も<u>不適切</u>と考えられるものはどれか。

ア　物を生産する方法の発明
イ　物の発明
ウ　物品の形状の発明

 プラスの枝

特許法上の発明に○をしなさい

1　フレミングの左手の法則　　2　プログラム言語　　3　永久機関
4　天然物を単離精製した化学物質　　5　天然物　　6　遊戯方法

テーマ解説　発明の定義

特許法では，「発明とは，自然法則を利用した技術的思想の創作のうち高度のものをいう」と定義されています（特許法2条1項）。自然法則とは，誰が，いつ，どこでやっても，同じ現象をもたらすことができる自然界の法則です。例えば，万有引力の法則，慣性の法則等です。
また，発明は技術的思想でなければなりません。「技術」とは，一定の目的を達成するための具体的手段であって，実際に利用でき，知識として客観的に伝達できるものをいいます。個人の熟練によって得られる技能とは異なります。したがって，柔道の新しい技や，機械の操作方法についてのマニュアル等の単なる情報の提示は技術的思想に該当しません。創作とは新しいものを創り出すことですので，発見そのものも保護の対象にはなりません。

問題3　解答

ア ○ **生産方法の発明**
特許法の発明には，物を生産する方法の発明が規定されています（特許法2条3項3号）。

イ ○ **物の発明**
特許法の発明には，物の発明が規定されています（特許法2条3項1号）。また，これらの他にも方法の発明が規定されています（特許法2条3項2号）。

ウ × **物品の形状**
物品の形状の発明についても特許法の保護対象となりますが，これは物の発明に含まれています。物品の形状の発明について特許法に規定されてはいません。
なお，実用新案法においては，保護対象として「物品の形状，構造又は組合せに係る考案」と規定されています。

プラスの枝　解答

1 × **自然法則自体**
発明とは，自然法則を利用した創作です。自然法則そのものではないことに注意してください。

2 × **人為的な取り決め**
プログラム言語とは，人間が人為的に取り決めたもので，自然法則を利用していませんので，発明には該当しません。

3 × **実現不可能な発明**
現在，永久機関は実現不可能とされています。したがって，自然法則に反しますので，発明には該当しません。

4 ○ **人為的に創作した発明**
もとは天然物であったとしても，それを人為的に加工して創作したものであれば，特許法上の発明に該当します。

5 × **単なる発見**
天然物は，新たに創り出した創作とは違い，何も創り出さない単なる発見ですので，発明とは区別されます。

6 × **人為的な取り決め**
遊戯方法や保険制度等は，人為的な取り決めによって成り立っているもので，自然法則を利用していませんので，発明には該当しません。

問題 4 19-3-12改題

ア～ウを比較して，特許要件に関して，最も<u>不適切</u>と考えられるものはどれか。

ア　同じ発明について，異なった日に二以上の特許出願があった場合は，最初に特許出願をした者だけに特許が認められる。

イ　特許を受ける権利を有する者の意に反して公知となった発明であっても，その発明が公知となった日から1年以内に特許出願をした場合には，特許される場合がある。

ウ　単なる設計変更や寄せ集め，最適な材料を選択しただけにすぎない発明について，特許出願した場合には，新規性を有しないことを理由に，拒絶される。

プラスの枝

特許要件として適切なものに○をしなさい

1　先発明　　2　先願の発明　　3　不特許事由に該当しない発明
4　産業上利用できる発明　　5　工業上利用できる発明

テーマ解説　特許要件

どんな発明でも必ず，すべてのものが特許権を取得できるわけではありません。いくつかの要件をすべて満たして，初めて特許権を取得できます。それが特許要件といわれるものです。主なものとして，①産業上利用できる発明（特許法29条1項柱書），②新規性のある発明（特許法29条1項），③進歩性のある発明（特許法29条2項），④先願の発明（特許法39条），⑤不特許事由に該当しない発明（特許法32条），等が挙げられます。

特許法・実用新案法

問題4 解答

ア ○ 先願主義
日本は先願主義を採用していますので，同じ発明について，異なった日に2以上の特許出願があった場合は，最先の特許出願人にのみ特許が認められます（特許法39条1項）。

イ ○ 新規性喪失の例外規定
特許を受ける権利を有する者の意に反して公知となった発明であっても，その発明が公知となった日から1年以内に特許出願をした場合には，新規性喪失の例外規定が適用され，特許される場合があります（特許法30条1項）。

ウ ✕ 進歩性
単なる設計変更等に該当する場合には，進歩性を有しないことを理由に拒絶されます。

正解 **ウ**

プラスの枝 解答

1 ✕ 先発明主義
先に発明をした者に特許権を与える制度を「先発明主義」といいます。

2 ○ 先願の発明
同一の発明について異なった日に複数の特許出願があったときは，最先の特許出願人のみが特許を受けることができます。これを「先願主義」といい，日本はこの制度を採用しています。

3 ○ 不特許事由に該当しない発明
画期的な紙幣偽造機械を発明したとしても，そんなものに権利を認めるわけにはいきません。これを公序良俗違反といい，不特許事由に該当します。公衆衛生を害するおそれがある発明も同様，特許を受けることができません。

4 ○ 産業上利用できる発明
特許を受けるためには，産業上利用することができる発明であることが必要です。この「産業」とは，広義に解釈され，製造業以外の鉱業，農業，漁業，通信業，サービス業等も含まれます。

5 ✕ 工業上の利用可能性
工業上利用できるという表現では，工業的方法により量産可能なものに限られていますので不適切です。

予想問題

ア〜ウを比較して，産業上利用できる発明として，最も<u>不適切</u>と考えられるものはどれか。

　ア　理科の実験セット　イ　人間を手術する方法　ウ　手術台の製造方法

 プラスの枝

産業上利用できる発明に○をしなさい

1　地球表面全体を紫外線吸収プラスチックフィルムで覆う方法
2　髪にウェーブをかける方法　　3　病気の予防方法
4　指輪を作るために人間の指を計測する方法
5　人に迷惑をかけない喫煙方法　　6　皮膚のただれ度を測定する方法

テーマ解説　産業上の利用可能性

特許法でいう「産業」とは，サービス業も含めた広い意味にとらえていますが，①人間を手術・治療・診断する方法，②業として利用できない発明，③明らかに実施できない発明等については，産業上利用できる発明に該当しないと考えられています。
それは，人道上，広く開放すべきものや，個人的にしか利用できないような産業上利用できない発明にまで権利を与えてしまうことは，かえって産業の発達の妨げになるからです。

問題5　解答

ア　○　**産業上利用できる発明**
　　　　本選択枝は注意してください。まず，学術的・実験的にのみ利用される発明は，業として利用できない発明に該当します。しかし，「理科の実験セット」は書店等で市販していますね。つまり，実験に利用されるものでも市販できたり営業可能なものは産業上利用できる発明に該当します。

特許法・実用新案法

イ ✗ ①**人間を手術・治療・診断する方法**
医療行為は人道上，人類のために広く開放すべきであり，産業上利用可能性がないとされています。

ウ ○ **産業上利用できる発明**
手術台のような医療機器や医薬自体は「物」であり「道具」なので，人間を手術・治療・診断する「方法」には該当せず，産業上利用できる発明に該当します。

正解 イ

プラスの枝 解答

1 ✗ ③**明らかに実施できない発明**
理論上実施することが可能な発明であっても，その実施が実際上，実現不可能な場合は，産業上利用できる発明には該当しません。

2 ○ **産業上利用できる発明**
個人的にのみ利用され得る発明は，業として利用できない発明に該当します。しかし，髪にウェーブをかける方法は，個人的に利用されるものであっても，美容室等で業として利用できる発明でもあるため，産業上利用できる発明に該当します。

3 ✗ ①**人間を手術・治療・診断する方法**
風邪や虫歯等の病気の予防方法も，人間を治療する方法に該当し，産業上利用できる発明に該当しません。

4 ○ **産業上利用できる発明**
病気の発見，健康状態の認識等の医療目的以外の目的で人間の各器官の構造・機能を計測する方法自体は，人間を診断する方法には該当しません。したがって，産業上利用できる発明に該当します。

5 ✗ ②**業として利用できない発明**
個人的にのみ利用される発明は，業として利用できない発明に該当し，産業上利用できる発明に該当しません。

6 ✗ ①**人間を手術・治療・診断する方法**
医療目的で，人間の各部の状態又は各器官の形状等を計測する方法は，人間を診断する方法に該当します。したがって，産業上利用できる発明に該当しません。

問題 6 19-7-20

ア～ウを比較して，特許を受けることができる発明に該当するものとして，最も適切と考えられるものはどれか。

- ア 特許出願前に，電気通信回線を通じて公衆に利用可能となった発明
- イ 特許出願後であって，出願審査の請求前に公然実施された発明
- ウ 特許出願前に，外国において頒布された刊行物に記載された発明

 プラスの枝

新規性のあるものに○をしなさい

1. 特許出願前に日本国内又は外国で公然知られるおそれのある状況で実施された発明
2. 特許出願前に技術を理解できない者の前で実施した発明
3. 特許出願前に守秘義務を負う特定多数の者に開示した発明
4. 特許を受ける権利を有する者が自らの意思で発表して新規性を喪失した後，一定の要件を満たして特許出願した発明

テーマ解説 新規性

発明には新しさ（新規性）が必要です。すでに公に知れ渡っている先行技術は新規性がなく，特許を受けることはできません。特許を受けるためには，この先行技術に該当しないことが条件です。先行技術は特許出願前に日本国内又は外国で，①公然知られた発明（公知），②公然実施をされた発明（公用），③頒布された刊行物に記載された発明又は電気通信回線を通じて公衆に利用可能となった発明（刊行物公知・インターネット公知），の3つに分類され，これらの地理的基準は「世界主義」が採用されています。つまり，世界のいずれかで公知，公用，刊行物・インターネット公知となった発明は，新規性がなくなることに注意してください（特許法29条1項）。新規性を失った場合でも，特許を受ける権利を有する者の行為に起因したり，意に反したりした場合は，所定の手続により新規性を喪失しなかったものとみなされる場合があります（特許法30条）。

特許法・実用新案法

問題6　解答

ア　✗　③インターネット公知
特許出願前に電気通信回線を通じて公衆に利用可能となった発明は，新規性を喪失し，特許を受けることができません（特許法29条1項3号）。

イ　○　②公然実施された発明
特許出願前に公然実施された発明は，新規性を喪失します（特許法29条1項2号）。しかし，特許出願後に公然実施された発明については，新規性を喪失せず，特許を受けることができます。

ウ　✗　③刊行物公知
特許出願前に，外国でその発明が公然知られていれば，日本国内で公然知られていなくても，新規性を喪失した発明に該当します（特許法29条1項3号）。

正解　イ

➕ プラスの枝　解答

1　✗　②公然実施された発明
実際に知られなくても，内容を知られるおそれがある状況で実施をされた発明は，公然実施をした発明とみなされ新規性を喪失することに注意してください（特許法29条1項2号）。

2　○　理解能力なき者への開示
例えば小学生のような技術の理解できない者に知られたとしても公知にはなりません。開示した相手に理解能力があるかどうかで判断されます。

3　○　守秘義務
守秘義務を負う者に対してであれば，特定多数の者に開示した発明でも，新規性は喪失しません。

4　○　新規性喪失の例外規定
新規性を失った場合でも，特許を受ける権利を有する者の行為に起因した場合は，新規性喪失の例外規定の適用を受け新規性を喪失しなかったものとみなされる場合があります（特許法30条）。

問題 7 20-11-15

ア～ウを比較して，同一の発明について同日に二つの特許出願があったときについて，最も適切と考えられるものはどれか。

- ア　先に発明を完成した特許出願人が特許を受けることができる。
- イ　先に出願審査請求がされた特許出願の特許出願人が特許を受けることができる。
- ウ　特許出願人の協議により定めた特許出願人のみが特許を受けることができるが，協議が成立せず，又は協議をすることができないときには，いずれの特許出願人も特許を受けることができない。

プラスの枝

適切なものに○をしなさい

1. 先に出願した者に特許を付与することを先発明主義といい，先に発明した者に特許を付与することを先願主義という。
2. すでに公の技術であったとしても，先に特許庁に出願した者が特許を受けることができる。
3. 同一の発明について同日に2以上の特許出願があったときは，先に発明を完成させた方が特許を受けることができる。
4. 郵便で特許出願した場合，書類が特許庁に到着した日が出願日となる。

テーマ解説　先願主義

複数の人が偶然にも同じ時期に同じ発明をした場合どうなるのでしょう？先に発明をした人に権利を与えると，特許成立後に，新たに先発明者の存在が明らかになることがあり，権利の不安定化を招くおそれがあります。そこで日本では，最も先に出願を行った人（最先の出願人）に権利を与える先願主義を採用しています（特許法39条）。最先の発明者が特許を受けることができることを先発明主義といいます。

また，出願前に公に発表してしまうと，新規性を失って，それが理由で拒絶されてしまうことに注意が必要です。問題は，偶然にも同一の発明をした複数の者が，同じ日に特許出願をした場合に誰が特許権を取得できるか，です。

問題7　解答

ア　✗　先願主義
日本は先願主義を採用していますので，先に発明を完成させていたことを理由に特許を受けることはできません。

イ　✗　出願審査請求の時期
出願審査請求がされた時期は特許されるかどうかの判断に影響を与えません。先に出願審査請求をしていたことを理由に特許を受けることはできません。

ウ　○　協議
特許出願人の協議により定めた特許出願人のみが特許を受けることができ，協議が成立しない場合や協議をすることができない場合には，いずれの特許出願人も特許を受けることができません。

正解　ウ　　Part1 テーマ⑥

➕ プラスの枝　解答

1　✗　先願主義，先発明主義
先願主義と先発明主義の説明が逆です。

2　✗　新規性
特許を受けるためには，新規性等の特許要件を満たすことが必須条件です。すでに公の技術であれば，公知技術として新規性がないものとして扱われ拒絶されます。

3　✗　同日出願
同日に同一の発明が複数出願されないとも限りません。それらは平等に扱われ，特許庁長官はそれぞれの出願人に「協議」によって一の特許出願人を定めるように命じます（特許法39条2項，4項）。先に発明を完成させたかどうかは一切関係ありません。なお，協議が成立しなかった場合は，いずれの特許出願人も特許を受けることはできません（特許法39条2項）。

4　✗　出願日の決め方
直接特許庁へ出願書類を持参して特許庁の窓口が受け取ったときは，その時が出願時となります。一方，郵便で出した場合は，郵便局の受領印の日付，もしくは，受領証で証明できる場合には，その日時が出願日又は出願時となります。特許庁に到着した日を出願日にすると，遠隔地に住む人は，書類が特許庁に到着するまで通常より日数がかかってしまい，地理的なハンディを受けてしまうからです。

問題 8 21-3-2

ア〜ウを比較して，特許出願の明細書に記載しなければならない事項として，最も適切と考えられるものはどれか。

- ア　発明の名称，図面の簡単な説明，発明の詳細な説明
- イ　図面の簡単な説明，図面，発明の要約
- ウ　発明の名称，発明の詳細な説明，特許請求の範囲

 プラスの枝

適切なものに○をしなさい

1. 発明の名称には，ネーミングのような造語でもよい。
2. 発明の詳細な説明には，その発明の属する技術分野における通常の知識を有する者がその実施をすることができる程度に明確かつ十分に，記載しなければならない。
3. 図面の簡単な説明には，添付した図面がどのような内容の図面であるかを，図毎に簡単に説明する。
4. 明細書には先行技術文献情報を必ず記載しなければならない。

テーマ解説　特許出願に必要な書類と明細書記載要件　

特許出願を行う場合には，願書，特許請求の範囲，明細書，必要な図面及び要約書を特許庁長官に提出しなければなりません。ここで図面に関しては「必要な」となっていますので，図面が不要な場合には省略可能です。
また，明細書には，「発明の名称」「発明の詳細な説明」「図面の簡単な説明」，の3つの事項を記載しなければなりません（特許法36条3項）。
さらに「発明の詳細な説明」は，経済産業省令で定めるところにより，その発明の属する技術の分野における通常の知識を有する者がその実施をすることができる程度に明確かつ十分に記載したものであることが求められます（特許法36条4項1号）。

特許法・実用新案法

問題8　解答

ア ○　明細書記載事項
明細書には，発明の名称，図面の簡単な説明及び発明の詳細な説明を記載する必要があります（特許法36条3項）。

イ ×　図面，要約書
図面の簡単な説明は明細書に記載すべき事項ですが，図面は明細書ではなく図面に，発明の要約は要約書に記載すべき事項です。

ウ ×　特許請求の範囲
特許請求の範囲は明細書ではなく，特許請求の範囲という書類に記載しなければなりません。

正解　ア

➕ プラスの枝　解答

1 ×　発明の名称の記載要件
発明の名称は，発明の内容がどのようなものであるかを端的，かつ簡潔に一般名称・普通名称で表現しなければなりませんので，造語は認められません。

2 ○　発明の詳細な説明の記載要件
特許制度は，発明を公開した者に対し，その代償として一定期間の独占排他権を与えるものです。発明の詳細な説明が明確に記載されていないと，発明公開の意義は失われ，ひいては特許制度の目的も失われてしまうので，記載要件として法律で明記されています（特許法36条4項1号）。

3 ○　図面の簡単な説明の記載要件
図面の簡単な説明の欄には，添付してある図面の1つ1つについて，発明のどの部分を表した図であるかを，「…を示す平面図」「…を示す一部断面図」のように簡単に説明します。

4 ×　先行技術文献情報開示要件
特許を受けようとする者（出願人）が特許出願のときに，特許を受けようとする発明に関連する発明を知っている場合には，その関連する発明が記載された刊行物の名称その他の先行技術文献情報を発明の詳細な説明に記載しなければなりません（特許法36条4項2号）。したがって，「必ず」という記述は誤りです。

問題 9　19-3-19

ア～ウを比較して，特許法に規定する手続の期間に関して，最も不適切と考えられるものはどれか。

　ア　国内優先権の主張を伴う特許出願は，先の出願日から1年以内に出願しなければならない。
　イ　国内優先権の主張を伴う特許出願は，後の出願日から1年6カ月経過後に出願公開される。
　ウ　国内優先権の主張を伴う特許出願に係る特許権の存続期間は，後の出願日から20年をもって終了する。

　プラスの枝

適切なものに○をしなさい

1　出願人は，早期に審査を受けたい場合は，出願と同時に早期審査の請求をしなければならない。
2　出願人は，特許出願を早期に公開したい場合は，出願日から1年以内に請求しなければならない。
3　要約書の補正をする場合は，出願日から1年4カ月以内にしなければならない。
4　実用新案登録に基づく特許出願をする場合は，その実用新案登録出願から3年以内に行わなければならない。

 テーマ解説　**特許出願に関する手続の期限**　

特許制度にはさまざまな制度があります。制度を活用する上で最低限押さえておかなければならないのが手続の期限です。期限の正しい理解と有効な活用により，効果的な特許戦略を構築できるのです。特に出願審査請求制度（特許法48条の2），国内優先権制度（特許法41条），早期公開制度（特許法64条の2）は，実務上でもとても重要な制度ですので，しっかりと整理しておいてください。

問題9　解答

ア　○　優先期間
国内優先権を伴う特許出願は，原則として先の出願日から1年以内に出願する必要があります。

イ　×　出願公開
国内優先権の主張を伴う特許出願は，先の出願日から1年6カ月経過後に出願公開されます。出願公開については後の出願日が基準ではないことに注意が必要です。

ウ　○　存続期間
国内優先権を伴う特許出願に係る特許権の存続期間は，現実の出願日（後の出願日）から20年です。

正解　イ

＋ プラスの枝　解答

1　×　早期審査制度
早期審査制度を活用することで，早く権利を確定させて，特許権による恩恵をできるだけ長く確保することができます。早期審査の請求時期は，審査請求と同時に又は審査請求後です。

2　×　早期出願公開制度
早期出願公開の請求は，出願公開前であればいつでもできます。なお，出願公開の早期請求ができるのは出願人のみです（特許法64条の2第1項柱書）。

3　○　要約書の補正
要約書は，出願公開時にその発明の概要を公開することにより，特許調査を容易にすることが目的です。権利関係に影響を及ぼすことはないため，補正は出願日から1年4カ月以内と期限が設けられています（特許法17条の3）。

4　○　実用新案登録に基づく特許出願
実用新案登録出願が登録された後，実用新案権者は，その出願の日から3年以内に実用新案登録に基づく特許出願をすることができます（特許法46条の2第1項）。この制度により，登録後に事業計画の変更等で，特許権による保護が必要になった場合でも，対応することができます。

問題10 予想問題

ア〜ウを比較して，特許権の存続期間の記述について，最も適切と考えられるものはどれか。

　ア　特許権の存続期間は，特許出願の日から10年をもって終了する。
　イ　特許権の存続期間は，特許出願の日から15年をもって終了する。
　ウ　特許権の存続期間は，特許出願の日から20年をもって終了する。

➕ プラスの枝

適切なものに○をしなさい

1　特許権の存続期間は，更新することができる。
2　特許権を維持するには，特許料の支払いが必要である。
3　特許権の存続期間が終了した後は，誰もが自由にその発明を実施できる。
4　特許出願人は，出願後ただちに他人が，その特許出願に係る発明を実施することを阻止することができる。
5　特許権の存続期間は，延長される場合はない。

テーマ解説　特許権の存続期間　合否の分かれ目

厳しい審査をクリアして特許権を取得したとしても，その権利は永久的に存続するものではありません。日本の特許法では，原則として出願日から20年を「特許権の存続期間」としています（特許法67条1項）。なぜ20年間かというと，いつまでも限られた人にしか独占権を与えず，第三者に発明が使われないよりも，誰にでも使えるようにした方が，社会のためにはよいと考えられており，その期間として20年が妥当であるという判断からです。

問題10　解答

ア ✗　　イ ✗　　ウ ○

特許法・実用新案法

正しい文章は「特許権の存続期間は，特許出願の日から20年をもって終了する。」となります。

正解 ウ

➕ プラスの枝　解答

1 ✕ **存続期間は更新不可**
   産業財産権の中で，存続期間の更新が認められているのは商標権のみです。特許権の他，実用新案権，意匠権も存続期間には制限があります。ちなみに実用新案権は出願の日から10年，意匠権は意匠登録出願の日から25年です。

2 ◯ **特許権の管理**
   特許出願が登録になるには，特許査定後に，まず3年分の特許料が必要です。これを納付して初めて権利が発生します（特許法66条2項）。4年目以降は1年分（複数年分も可）の特許料を納付することで，特許権を維持することができます。特許庁から納付の催促がくるわけではなく，納付を怠ると権利が消滅してしまいますので，権利の維持には十分な注意が必要です。

3 ◯ **権利の消滅**
   存続期間が終了し特許権が消滅するということは，言い換えれば，その権利を独占できる人がいなくなるということです。すなわち，誰もが自由に，その発明を実施できるということになります。

4 ✕ **権利の発生時期**
   特許権の存続期間は出願から20年間ですが，出願と同時に特許権が発生するという意味ではありません。特許査定後に特許料を納め設定登録されることで初めて特許権を取得し，それにより損害賠償請求権，差止請求権等の権利を行使できます。したがって，特許出願人は，出願後すぐには，他人がその特許出願に係る発明を実施したからといって阻止することはできません。

5 ✕ **特許権の存続期間の延長**
   例えば，権利化まで長期を要したり，医薬品分野などで臨床検査が必要であり，その特許発明を実施することができない期間があったときは，存続期間の延長が認められる場合があります（特許法67条の2）。

問題 11
18-7-19

ア～ウを比較して，特許出願についての出願公開の請求又は特許掲載公報の発行に関して，最も適切と考えられるものはどれか。

- ア 何人も出願公開の請求をすることができる。
- イ 出願公開の請求は公開特許公報の発行前であれば，取り下げることができる。
- ウ 特許掲載公報の発行の日から6カ月以内であれば，特許異議の申立てをすることができる。

プラスの枝

適切なものに○をしなさい

1. 出願公開は，出願された発明の内容が長期間公表されないことによる，重複研究，重複出願を防ぐことが目的である。
2. 出願公開の時期は，出願人の請求によって自由に変えることができる。
3. 出願公開により自己の発明を第三者に実施された場合，出願人は出願公開後すぐに補償金請求権を行使できる。
4. 出願公開では，原則出願された技術内容の一部が公開される。

テーマ解説　出願公開制度

もし，特許出願されてもずっと公表されないとなれば，第三者はその事実を知り得ませんので，同じ発明を繰り返し行うおそれがありますよね。その結果，長年研究・開発に費やしてきた時間，労力，お金は無駄になり，企業活動は不安定になって，最終的には法目的である産業の発達の妨げになってしまいます。

そこで，出願の日から一定期間（1年6カ月）を経過したときは，出願人の意思に関係なく出願公開公報に掲載することで，特許出願の内容を第三者に公表するようにしています（特許法64条1項）。これを出願公開制度といいます。問題は，原則として定められた出願公開の時期はいつか，です。例外として，ある一定条件を満たせば出願時期を早めることができる早期公開制度があります（特許法64条の2第1項）。

問題11　解答

ア ✗ **出願公開の請求**
出願公開の請求は，特許出願人のみがすることができます（特許法64条の2）。

イ ✗ **出願公開の請求の取り下げ**
出願公開の請求は，取り下げることができません（特許法64条の2第2項）。

ウ ○ **特許異議の申立て**
特許異議の申立ては特許掲載公報の発行の日から6カ月以内であればすることができます（特許法113条）。

正解　ウ

➕ プラスの枝　解答

1 ○ **出願公開の目的**
出願公開制度は，出願を一定の期間経過後に一律に公開し，他人の重複研究，重複出願を防止することを目的にしています。

2 ✗ **出願公開の時期**
出願公開には，ある一定の条件を満たせば，出願人の請求により公開時期を早めることができるという早期公開制度があります。しかし，自由に時期を決められるわけではなく，また，どのような理由があろうとも遅らせることはできません。

3 ✗ **補償金請求権**
出願公開から権利化までの間に出願公開された発明を実施した者に対して，出願人には権利化から遡って実施料相当額を請求できる補償金請求権が認められています（特許法65条1項）。
補償金請求権を行使できるのは，権利化された後で，公開後すぐにできるわけではないことに注意が必要です（特許法65条2項）。

4 ✗ **出願公開される事項**
出願公開される事項には，特許出願人，発明者の氏名，住所等の書誌的事項の他に，願書に添付した明細書に記載した事項及び図面等があります。ただし，公序良俗を害するおそれがあると特許庁長官が認める場合は，当該事項を非公開にする場合があります。

問題 12 19-7-9

ア〜ウを比較して，特許法に規定する出願公開の請求に関して，最も適切と考えられるものはどれか。

ア 出願公開の請求は，何人も行うことができるが，特許出願人以外からの請求があった場合は特許庁長官が公開の可否を決定する。
イ 出願公開の請求は，特許出願人及び利害関係人に限り行うことができる。
ウ 出願公開の請求は，特許出願人に限り行うことができる。

プラスの枝

適切なものに○をしなさい

1 特許出願人は，出願公開の請求を行った後に，その請求を取り下げることはできない。
2 特許出願人は，出願後であればいつでも出願公開を請求できる。
3 出願公開の請求をしようとする特許出願人は，意見書を特許庁長官に提出しなければならない。
4 早期出願公開の請求をすることによって，特許権の設定登録後に，当該特許権の設定登録前に業として出願に係る発明を実施した者に対して，より多くの補償金を請求できる場合がある。

テーマ解説 出願公開の請求

特許出願人は，特許出願が出願公開後，特許権の設定登録前に業として出願に係る発明を実施した者に対して，警告することを条件として，警告後から特許権設定登録までの実施料相当額を補償金として請求できます（特許法65条）。しかし，出願から公開までの1年6カ月の間は，このような権利は発生しません。そのため，特許出願が出願公開後，特許権の設定登録前に業として出願に係る発明を実施した者に対して，早期に補償金請求権を発生させる必要がある場合に，特許出願人は出願公開の請求を行うことができます（特許法64条の2）。

特許法・実用新案法

問題12 解答

ア ✗　イ ✗　ウ ○

出願公開の請求は，特許出願人に限り行うことができます（特許法64条の2第1項柱書）。

なお，出願公開の請求は取り下げることができません（特許法64条の2第2項）。

正解　ウ

➕ プラスの枝　解答

1 ○　出願公開の請求は取り下げ不可
出願公開の請求は，取り下げることができません（特許法64条の2第2項）。出願公開の請求がされると，公報発行準備が開始されるため，公開公報の発行中止が間に合わず，公開公報が発行されてしまうおそれがあるためです。

2 ✗　出願公開の請求時期
出願公開の請求は，その特許出願が出願公開されている場合は請求できません（特許法64条の2第1項1号）。すでに出願公開が行われた出願については，再度出願公開を行う必要がないためです。

3 ✗　出願公開請求書
出願公開の請求をしようとする特許出願人は，①請求人の氏名又は名称及び住所又は居所，②出願公開の請求に係る特許出願の表示を記載した請求書を特許庁長官に提出しなければなりません（特許法64条の3）。

4 ○　補償金請求権の早期発生
警告は出願公開後である必要があるため，出願公開の時期が早まれば，それだけ早期に補償金請求権を発生させることができ，より多くの補償金を請求することができる場合があります。

問題 13　18-11-26

ア～ウを比較して，特許法に規定される出願審査請求の手続に関して，最も適切と考えられるものはどれか。

　ア　出願日から1年6カ月経過後は出願審査請求をすることはできない。
　イ　出願人及び利害関係人以外の者は出願審査請求をすることはできない。
　ウ　出願審査請求した後に，出願審査請求を取り下げることはできない。

＋ プラスの枝

適切なものに○をしなさい

　1　出願審査請求とは，特許出願についての出願審査の請求を待って審査が開始されるという制度である。
　2　出願審査請求は，出願人のみ請求できる。
　3　出願審査請求を期間内にしなかった場合は，特許出願は取り下げられたものとみなされる。

テーマ解説　出願審査請求　頻出よくでる！

特許庁に特許出願をしても，審査請求の手続を行わないと，審査官は審査をしてくれません（特許法48条の2）。特許庁に提出されている出願の中には，自ら特許を取る必要はないが，他人に取られては困るから出願をしておくものとか，出願時には価値はあったが，その後調査したら新規性がないもの，商品化してもさっぱり売れそうもないもの等，いろいろとあります。このような権利化の必要性がない出願については審査しても意味がなく，審査官の負担にもなります。そこで，真に権利化したい出願のみを審査するために，「特許出願の日から3年以内に審査請求があった出願のみが，審査を受けることができる」という審査請求制度が設けられたのです（特許法48条の3）。なお，出願公開後に第三者が出願に係る発明を実施している場合等に，「優先審査に関する事情説明書」（施行規則31条の3）を提出し，優先的な審査を要請することができます。

問題13　解答

ア ✕　出願審査請求ができる時期
出願審査請求は，特許出願の日から3年以内であればすることができます（特許法48条の3第1項）。

イ ✕　出願審査請求ができる者
出願審査請求は，何人もすることができます（特許法48条の3第1項）。

ウ ○　出願審査請求の取り下げ
出願審査請求は，取り下げることができません（特許法48条の3第3項）。

正解　ウ

➕ プラスの枝　解答

1 ○　出願審査請求制度の目的
出願審査請求制度は，出願したらすべての出願が自動的に審査されるわけではなく，必要な人のみ審査を受けられるようにしたものです。審査官は，出願審査請求の手続を待って，審査に取りかかることができるので，無駄な審査をする必要がないというメリットがあります。

2 ✕　出願審査請求をできる者
出願審査の請求は，誰でもできます。その発明を実施したいと考えている第三者にとっては，権利化の決着は早くつけたいものです。そこで，第三者にも請求を認めています。

3 ○　出願審査の未請求による特許出願の取り下げ
出願から3年以内に出願審査請求を行わないと，特許出願が取り下げられたものとみなされます。つまり，特許出願が最初からなかったという意味です。
ただし，最初からなかったといっても，特許出願の日から1年6カ月経過し，出願公開されている場合は，公知になり，願書に添付した特許請求の範囲，明細書及び図面に記載された発明については，後願を排除することができます。

問題 14 予想問題

ア〜ウを比較して、特許発明の技術的範囲に関して、最も適切と考えられるものはどれか。

- ア 特許発明の技術的範囲は要約書の記載に基づいて定められる。
- イ 特許発明の技術的範囲は特許請求の範囲の記載に基づいて定められる。
- ウ 特許発明の技術的範囲は詳細な説明の記載に基づいて定められる。

プラスの枝

適切なものに○をしなさい

1. 発明の詳細な説明の欄に記載されている発明の内容であれば、特許請求の範囲に記載されていなくても、特許発明の技術的範囲に含まれる。
2. 特許請求の範囲に記載する特許を受けようとする発明は、明細書の発明の詳細な説明に技術的に裏づけられたものでなくてはならない。
3. 特許請求の範囲の記載は、あいまいな表現を用いた方が、特許発明の技術的範囲が広く解釈されやすい。
4. 特許発明の技術的範囲は、願書に添付する要約書の記載を考慮する場合がある。

テーマ解説 特許発明の技術的範囲

特許発明の技術的範囲とは特許発明の保護される範囲のことで、一般的には権利範囲とも称されます。特許発明の技術的範囲は、特許請求の範囲の記載に基づいて判断されることが原則です（特許法70条1項）。特許発明の技術的範囲を正しく解釈できて初めて、第三者の権利侵害行為や、他人の特許発明の回避方法等を判断できます。したがって、企業の特許担当者は、特許発明の技術的範囲を正しく解釈する能力を必要とされています。
特許請求の範囲に記載された用語の意義は、願書に添付した明細書の記載及び図面を考慮して解釈されます（特許法70条2項）。
なお、特許発明の技術的範囲については、特許庁に法的拘束力のない判定を求めることができます（特許法71条）。

特許法・実用新案法

問題14　解答

ア ✗　イ ○　ウ ✗

特許発明の技術的範囲は特許請求の範囲の記載に基づいて定められます（特許法70条1項）。

プラスの枝　解答

1 ✗　**特許請求の範囲に基づく特許発明の技術的範囲**
特許発明の技術的範囲は，特許請求の範囲の記載に基づいて定めなければなりません（特許法70条1項）。特許請求の範囲と明細書の記載とが不一致の場合は，あくまでも特許請求の範囲の記載に基づいて判断されます。

2 ○　**特許請求の範囲の記載要件**
自己の発明の詳細を公開した者に対して一定期間の独占権を認めるというのが特許制度の原則です。したがって，明細書にその技術的解決手段が記載されていない発明を独占させることは，公開していない発明に対して独占権を与える結果となり，妥当ではありません。

3 ✗　**特許請求の範囲の記載要件**
特許請求の範囲は明確でなければなりません。あいまいな表現を用いると，特許請求の範囲の解釈をめぐる紛争の原因となるおそれがあるからです。

4 ✗　**要約書の記載は考慮しない**
要約書は，技術情報としての役割が主な目的で，特許発明の技術的範囲に何ら影響を及ぼすものではありません（特許法70条3項）。

問題 15 19-11-28

ア〜ウを比較して，特許権に係る通常実施権の許諾契約に関して，最も**不適切**と考えられるものはどれか。

ア 特許権者は，重複する範囲について複数人に対して通常実施権を許諾することができる。
イ 通常実施権の契約において，契約の相手方以外には実施権を許諾しない旨の特約を伴う契約をすることはできない。
ウ 特許権が共有に係る場合，一の共有者が他人と通常実施権の許諾契約を締結するためには，他の共有者の同意が必要となる。

プラスの枝

適切なものに○をしなさい

1 専用実施権を目的とする質権の設定は，登録しなくても，効力が発生する。
2 相続その他一般承継の場合は，専用実施権の移転の登録をしなくても効力が発生する。
3 通常実施権は，その発生後に専用実施権を取得した者に対してもその効力を有する。

テーマ解説 実施権

実施権とはいわゆるライセンスのことで，実施権には専用実施権（特許法77条）と通常実施権（特許法78条）があります。専用実施権は，特許庁への登録により効力が発生し，専用実施権者は，設定された範囲内で特許発明を独占的に実施できます。独占的な権利ですので，同じ範囲内で複数の者に専用実施権を設定することはできません。また，設定した範囲内においては特許権者といえども特許発明を実施することができません。
通常実施権は，単に発明を実施できる独占性のない権利で，当事者間の契約等によって効力が発生し，特許庁への登録は不要です。独占性がないため，同じ範囲内で複数の者に許諾することも可能です。
通常実施権には，許諾による通常実施権だけでなく，先使用権のような法定通常実施権も存在します（特許法79条）。

30

特許法・実用新案法

また，特許出願について仮実施権の設定や許諾をすることも可能です（特許法34条の2，34条の3）。

問題15　解答

ア ○ **通常実施権**
通常実施権であれば，重複する範囲について複数人に対して許諾することができます。

イ × **独占的通常実施権**
通常実施権の契約において，契約の相手方以外には実施権を許諾しない旨の特約を伴う契約をすることができます。このような通常実施権を独占的通常実施権といいます。

ウ ○ **共有に係る特許権**
特許権が共有に係る場合，通常実施権の許諾契約を締結するためには，他の共有者の同意が必要となります（特許法73条3項）。

正解　イ

＋　プラスの枝　解答

1 × **専用実施権の登録の効果**
専用実施権を目的とする質権の設定，移転（相続その他の一般承継によるものを除く。），変更，消滅（混同又は担保する債権の消滅によるものを除く。）又は処分の制限は，登録しなければその効力は発生しません（特許法98条1項3号）。

2 ○ **相続その他の一般承継の場合の除外**
専用実施権の移転については，登録しなければ効力が発生しません。ただし，相続その他の一般承継によるものは除かれています（特許法98条1項1号）。
相続等の事実が発生した時点から移転の登録がなされるまでの間に，権利者が存在しないという事態が生じることを防ぐためです。

3 ○ **通常実施権の対抗力**
通常実施権は，その発生後に，その特許権や専用実施権を譲り受けた者や，専用実施権を取得した者に対しても，効力を有します（特許法99条）。

問題 16   19-3-9

ア～ウを比較して，特許権の侵害に関して，最も不適切と考えられるものはどれか。

ア　特許掲載公報に記載されている特許権者が警告者とは異なっていても，当該警告者の権利行使が認められる場合がある。

イ　特許権が存続期間の満了により消滅している場合であっても，特許権の消滅前の実施行為に対して損害賠償請求が認められる場合がある。

ウ　特許発明が新規性を有しないと判断した場合であっても，特許権者が侵害訴訟を提起しなければ特許が無効である旨を主張することはできない。

プラスの枝

特許権が侵害された場合の救済措置として適切なものに〇をしなさい

1　信用回復措置請求権
2　妨害排除請求権
3　不当利得返還請求権
4　不使用取消審判

テーマ解説　特許権が侵害された場合の救済措置

特許権は，「財産上の権利」として認められています。つまり，他人が勝手に特許発明を利用して商品を作って売っていたとすれば，それは特許権の侵害になり，民事上の救済を受けることができ，侵害者に刑事上の制裁を受けさせることができます。問題は，どのような形で救済を受けられるのか，です。

民事上では，①差止請求権，②損害賠償請求権，③信用回復措置請求権，④不当利得返還請求権，の4つが認められています。

問題16　解答

ア ○ 特許権者
特許掲載公報には特許権の設定登録時の特許権者が記載されています。しかし，設定登録後に特許権が譲渡等された場合には，特許掲載公報に記載されている者と特許権者が同一ではなくなります。このような場合には，特許掲載公報に記載されている特許権者と警告者が異なっていても，警告者が現在の特許権者であれば権利行使が認められます。

イ ○ ②損害賠償請求権
損害賠償請求は過去の侵害行為に対して行うことができます。特許権消滅後であっても，その特許権の存続期間中に行われた侵害行為に対して，損害賠償請求を行うことも可能です。

ウ × 特許無効の抗弁
特許権者が侵害訴訟を提起しなくとも，例えば特許権者から警告を受けた際に，特許が無効であり，特許権の権利行使は制限される旨を回答することができます。

正解　ウ

プラスの枝　解答

1 ○ ③信用回復措置請求権
特許権者は，侵害者による粗悪品の販売等の侵害行為によって業務上の信用を害された場合には，新聞への謝罪広告等による，業務上の信用を回復する措置を請求することができます（特許法106条）。

2 × 民法上の物権的請求権
妨害排除請求権とは，民法上の物権的請求権の１つです。物権とは直接的に物を支配する権利のことで，物権ではない特許権には認められていません。

3 ○ ④不当利得返還請求権
他人の特許権を勝手に利用して利益を得て，そのために他人（つまり特許権者）に損害を生じさせた者に対しては，その不当に得た利益の返還を請求することができ，これを不当利得返還請求権といいます（民法703条，704条）。

4 × 商標法上の審判制度
不使用取消審判とは，商標法上の審判制度です。正当な理由なく，日本国内で３年以上，不使用の状態にある登録商標について，第三者の請求により登録を取り消す審判をいいます（商標法50条１項）。

問題 17 予想問題

ア～ウを比較して，国内優先権に関して，最も適切と考えられるものはどれか。

ア 先の特許出願の出願日から1年3カ月以内であれば，国内優先権を伴った特許出願をすることができる。
イ 国内優先権を伴った特許出願が特許査定され，特許権が発生した場合，その特許権の存続期間は，後の特許出願の出願日から20年で終了する。
ウ 国内優先権を伴った特許出願は，後の特許出願の出願日から1年6カ月後に出願公開される。

 プラスの枝

適切なものに○をしなさい

1 国内優先権の主張を伴う特許出願を行う場合，出願日は先の出願日のままである。
2 国内優先権の主張を伴う特許出願を行う場合，先の出願は1年4カ月後に取り下げになる。
3 国内優先権の主張を伴う特許出願を行う場合，先の出願と重複する内容についての新規性・進歩性の判断基準日は，先の出願日となる。
4 国内優先権の主張を伴う特許出願は，先の出願の日から1年以内であれば何度でもできる。

 国内優先権

国内優先権とは，日本国内ですでに出願した特許出願の内容について，出願から1年以内であれば，内容を改良したり，新規事項の追加をしたりすることを認める制度です（特許法41条）。この制度のメリットは，出願日は後の出願の日になりますが，先の出願内容と重複する内容については，先の出願日を基準に新規性や進歩性，先願の規定などが判断される点です。先の出願から国内優先権の主張を伴う特許出願までの間に，他人が同じ発明を出願しても，それを理由に拒絶されません。なお，特許権の存続期間は，国内優先権の主張を伴う特許出願の日から起算されます。

問題17　解答

ア ✗ 国内優先権を主張できる期間
国内優先権を主張して特許出願を行う場合には，先の特許出願の出願日から1年以内に出願しなければなりません（特許法41条1項1号）。

イ ◯ 存続期間
国内優先権を伴った特許出願が特許査定され，特許権が発生した場合，その特許権の存続期間は，後の特許出願の出願日から20年で終了します。先の特許出願の出願日から20年でない点に注意が必要です。

ウ ✗ 出願公開
国内優先権を伴った特許出願は，先の特許出願の出願日から1年6カ月経過後に出願公開されます。出願公開の場合には，後の出願が基準ではない点に注意が必要です。

正解　イ　　Part1 テーマ⑪

＋　プラスの枝　解答

1 ✗ 国内優先権に基づく出願の出願日
国内優先権の主張を伴う特許出願を行うということは，新規事項を追加した出願を出し直すことです。したがって，出願日は国内優先権の主張を伴う特許出願の日になります。

2 ◯ 国内優先権に基づく出願，先の出願の取り下げ
国内優先権の主張を伴う特許出願は，先の出願に新規事項を追加した新たな特許出願ですので，そのまま後の出願を活かすことになれば，先の出願は不要になります。国内優先権の主張を伴う特許出願の取り下げが可能な期間は先の出願から1年4カ月以内なので，その後，先の出願は取り下げたものとみなされます（特許法42条1項）。

3 ◯ 新規性・進歩性の判断基準日
出願日は国内優先権の主張を伴う特許出願の日になりますが，新規性や進歩性の判断基準日もずれ込んでしまっては，先の出願が無駄になり，メリットがありません。そこで，先の出願の新規性・進歩性等の判断基準日は，先の出願日としています（特許法41条2項）。

4 ◯ 国内優先権に基づく出願のできる期間
国内優先権の主張を伴う特許出願は，先の出願日から1年以内であれば，可能な限り何度でもできます。特に制限は設けられていません。

問題 18　20-11-20

ア～ウを比較して，特許出願の実体審査において，その特許出願前に公開された特許公報に記載された発明に基づき容易に発明することができたという拒絶理由通知を受けた出願人がとり得る措置として，最も適切と考えられるものはどれか。

ア　不服審判を請求する。
イ　手続補正書を提出する。
ウ　答弁書を提出する。

　プラスの枝

拒絶理由通知を受けた出願人がとり得る措置として適切なものに○をしなさい

1　上申書を提出する。
2　特許無効審判を請求する。
3　意見書と手続補正書を合わせて提出する。

テーマ解説　拒絶理由通知を受けた出願人が取り得る措置　合否の分かれ目

審査官が特許出願について審査をした結果，拒絶理由に該当するものであるという心証を得た場合でも，何ら弁明の機会を与えずに拒絶査定にしてしまったら，特許出願人に対し酷ですよね。審査官だって人間です。ミスを犯すこともあるからです。
そこで，特許出願人に反論する機会を与えています。問題は，特許庁に対する適切な反論の手段は何か，です。具体的な対処法としては，意見書単独の提出や，意見書と手続補正書の併用等があります。拒絶の理由によって，これらの方法からベストな手段を選択します。

問題18　解答

ア　✗　拒絶査定不服審判
拒絶査定不服審判は，拒絶査定を受けた時に請求できる審判です（特許法121条）。拒絶理由通知を受けた特許出願人の対応としては不適切です。

イ　〇　手続補正書
手続補正書を提出して拒絶理由を解消することは，適切な対応です。

ウ　✗　答弁書
答弁書は無効審判等において提出される書類です。拒絶理由通知の対応として不適切です。拒絶理由通知の内容について意見を述べたい場合には，意見書を提出します。

正解　イ

プラスの枝　解答

1　✗　拒絶理由通知に対する措置としては不適切
上申書は，手続に必要な書類というよりも，「何か特許庁に知らせたいことがあれば提出できる書類」という認識です。例えば手続補正書と合わせて提出し，不適切な補正ではない根拠を説明するために活用されます。拒絶理由通知に対する措置としては不適切です。

2　✗　特許権者が請求される審判
特許出願がいったん特許権になったからといって，存続期間中ずっと安泰というわけではありません。その権利の存在が目障りな第三者が，権利者に不利な理由を見つけて潰しにかかることがあります。その手段として活用されるのが特許無効審判（特許法123条）ですが，これは出願人が請求するものではないため，不適切です。

3　〇　意見書と手続補正書の併用
拒絶の理由によっては，意見書だけでは対応できない場合も当然生じます。審査官の判断に対して覆すだけの理由が見つからなければ，手続補正書によって特許請求の範囲を減縮したり，明細書や図面の一部を削除したりする場合があります（特許法17条の2）。意見書と手続補正書の併用は，実は最もよく活用される方法で，権利取得に向けてとても有効な手段の1つです。

問題 19 予想問題

ア～ウを比較して，特許出願について，拒絶査定を受けた出願人の対応として，最も<u>不適切</u>と考えられるものはどれか。

- ア　実用新案登録出願に変更する。
- イ　意見書を提出して反論する。
- ウ　拒絶査定不服審判と同時に分割出願を行う。

プラスの枝

拒絶査定を受けた出願人の対応として適切なものに○をしなさい

1　拒絶査定不服審判の請求と同時に請求の範囲等の補正を行う。
2　東京高等裁判所へ提起する。
3　前置審査制度を活用し，審査官に再度審査を請求する。
4　異議申立てを行う。

テーマ解説　拒絶査定を受けた出願人の対応

拒絶理由通知を受けた後に意見書，補正書で反論しても，それでも拒絶の理由が解消されないと判断されると，審査官の最終的判断である拒絶査定が下されます（特許法49条）。ただし，これにより特許権の取得が不可能と確定したわけではありません。このような状況下でも，権利化の機会はまだ残されています。

この判断に不服がある場合は，拒絶査定不服審判の請求を行うことで，今度は複数の審判官に判断を仰ぐことができます。それでもだめなら東京高等裁判所への訴えを提起でき，最終的には最高裁判所まで争うことができます。

このように，最終的には司法の判断を仰ぐことができますが，まずは拒絶査定を受けた直後の適切な対応についてしっかりと押さえておきましょう。

特許法・実用新案法

問題19　解答

ア ○ **拒絶査定後の出願変更**
最初の拒絶査定の謄本の送達を受けた日から3カ月以内で，かつ特許出願の日から9年6カ月以内であれば，特許出願から実用新案登録出願に出願変更できます（実用新案法10条1項）。

イ × **拒絶査定の対応として不適切**
意見書は，拒絶理由通知を受けた場合に，指定された期間に提出できます（特許法50条）。拒絶査定を受けた場合には，意見書は活用できません。

ウ ○ **拒絶査定後の分割出願**
拒絶査定不服審判を請求する場合は，請求と同時に分割出願ができます（特許法44条1項1号，17条の2第1項4号）。例えば，発明の単一性違反の拒絶理由を解消することを目的とした分割出願が活用されます。

➕ プラスの枝　解答

1 ○ **拒絶査定不服審判請求時の明細書等の補正**
拒絶査定不服審判の請求と同時に，明細書，特許請求の範囲又は図面を補正できます（特許法17条の2第1項4号）。

2 × **拒絶査定の対応として不適切**
東京高等裁判所へ提起できるのは，拒絶査定不服審判請求後に拒絶すべきという審決がなされた後です。

3 × **拒絶査定の対応として不適切**
前置審査とは，拒絶査定不服審判の請求と同時に補正をした場合に，審査の迅速化が図れることから審査官によって再審査される制度です（特許法162条）。この制度は，拒絶査定不服審判の請求と同時に補正をしたときに活用される制度で，拒絶査定の対応として不適切です。

4 × **拒絶査定の対応としては不適切**
異議申立て制度は，特許権が設定登録され，特許公報が発行された際に，その特許公報の発行の日から6カ月以内に異議を申立てられる制度です（特許法113条）。拒絶査定に対する対応としては不適切です。

問題 20　21-3-24

ア～ウを比較して，特許権の発生に関して，最も適切と考えられるものはどれか。

- ア　特許権は，設定の登録により発生する。
- イ　特許権は，特許査定の謄本の通知により発生する。
- ウ　特許権は，特許公報の発行により発生する。

プラスの枝

適切なものに○をしなさい

1. 特許権は，特許査定の謄本が送達された日から3ヵ月以内に特許料を納付しなければ権利が発生しない。
2. 出願人が特許査定後，一定期間内に特許料を納付しない場合は，権利が無効になる。
3. 出願人は，特許出願した発明が出願公開されて特許権が発生するまでの間に，その発明を模倣して実施している他人に対して警告することは認められている。
4. 審査官は，特許出願について審査を行った結果，拒絶の理由を発見したときでも，審査官の裁量で特許査定にすることができる。

テーマ解説　特許権の発生

審査官は，特許出願について拒絶の理由を発見しないときは，出願人に特許査定を通知します（特許法51条）。しかし，特許査定がなされた段階では，まだ特許権が発生したわけではありません。特許査定の謄本が送達された日から30日以内に第1年分から第3年分の特許料が納付されて初めて特許権の設定登録がなされます（特許法108条1項）。つまり，特許権は，設定の登録により発生します（特許法66条1項）。問題は特許権がいつ発生するかです。

特許法・実用新案法

問題20　解答

ア　○　設定登録
特許権は設定の登録により発生します（特許法66条1項）。

イ　×　特許査定
特許権は設定の登録により発生します（特許法66条1項）。特許査定を受けただけでは特許権は発生しません。

ウ　×　特許公報発行
特許公報は，設定の登録がされた場合に発行されます（特許法66条3項）。特許公報の発行により特許権が発生するわけではありません。

正解　ア

プラスの枝　解答

1　×　特許料の納付期限
特許料の納付は，特許査定の謄本が送達された日から30日以内です。

2　×　特許出願の却下
一定期間内に特許料が納付されない場合は，特許出願が却下されます。特許料を納付しなければ権利は発生しませんので，権利が無効になるというわけではありません。却下によって，特許出願が最初からなかったことになるので注意が必要です。

3　○　補償金請求権
出願公開から特許権の発生までの期間に，出願に係る発明を他人が実施した場合には，出願人は特許請求の範囲の内容を示した書面を提示し，警告することができます。この警告によって，権利取得後に，実施料相当額の補償金の支払いを請求することができます（特許法65条1項）。

4　×　特許査定
審査官は，特許出願について拒絶の理由を発見した場合には，拒絶理由を通知しなければなりません。いくら審査官でも，裁量で特許査定はできません。

問題 21 19-3-3

ア～ウを比較して，特許権の侵害に関して，最も適切と考えられるものはどれか。

ア　特許権者は不当利得返還請求及び信用回復措置請求をすることができる。
イ　特許権者は不当利得返還請求をすることはできるが，信用回復措置請求をすることはできない。
ウ　特許権者は不当利得返還請求及び信用回復措置請求のいずれもすることはできない。

プラスの枝

適切なものに○をしなさい

1　特許権侵害行為に対する差止請求は，警告をした後でなければできない。
2　特許無効審決が確定した場合は，原則として特許権は初めから存在しなかったとみなされる。
3　特許権を放棄した後では，権利存続期間中に特許権侵害をした他人に対して損害賠償請求の訴えを提起できない。
4　特許権侵害に対する損害賠償請求権に時効は適用されない。

テーマ解説　特許権の侵害

特許権の侵害を受けた場合には，侵害者に対して権利行使をすることができます。特許権が消滅した後は，差止請求はできませんが，過去の侵害に対して損害賠償の請求や不当利得返還請求をできる場合があります。
一方，特許権の侵害である旨の警告等を受けた場合には，警告した者が特許権者であるか特許原簿で確認する，特許異議の申立てや特許無効審判を請求する，実施権の有無を確認する等の措置が考えられます。特許無効審判は，原則として利害関係人のみが請求することができます。

問題21　解答

ア ○　イ ✕　ウ ✕

特許権者は不当利得返還請求（民法703条）及び信用回復措置請求（特許法106条）をすることができます。

また，この他にも損害賠償請求（民法709条）や差止請求（特許法100条）をすることができます。

正解　ア

➕ プラスの枝　解答

1　✕　**差止請求権の行使に警告は不要**
登録後であれば，差止請求権等の権利行使の際に事前の警告は必要ありません。警告が必要なのは補償金請求権を行使する際です。

2　○　**特許権の遡及的無効**
特許無効審決が確定したということは，そもそも最初から特許としての価値がなく，誤って権利を与えたということです。したがって，権利が発生したときまで遡って権利が存在しなかったものとみなされます。

3　✕　**特許権の遡及的権利行使**
特許権を放棄することで権利は消滅しますが，放棄前にした他人の侵害行為に対しては，放棄後であっても権利行使は可能です。

4　✕　**不法行為による損害賠償請求権の時効**
不法行為による損害賠償の請求権は，被害者等が損害及び加害者を知ったときから3年，又は不法行為のときから20年で，そのどちらかを満たせば消滅時効が成立します（民法724条）。特許権侵害も不法行為に当たるので，民法の時効の規定が適用されます。

ア～ウを比較して，特許庁に登録しなければ効力を生じない権利に関して，最も適切と考えられるものはどれか。

ア 専用実施権
イ 許諾による通常実施権
ウ 先使用による通常実施権

 プラスの枝

登録をしなければ効力が発生しない契約等として適切なものに○をしなさい

1 特許権の専用実施権の設定契約
2 特許出願段階の仮通常実施権の許諾契約
3 特許権の他人への譲渡契約
4 特許権の一般承継による移転

テーマ解説　特許庁への登録の効果

契約自由の原則により，契約は当事者間で自由にできます。しかし，当事者間ではその契約が成立していても，その効力が発生していなければ，さまざまな問題が生じる場合があります。場合によっては，特許庁に設定登録して初めて効力が発生するものや，第三者に対抗できるものがあるので注意が必要です。登録により，第三者に与える影響が強い権利の帰属関係を明確にすることができ，取引等の行為をしようとする者の保護を図ることができます。

問題22　解答

ア ○ **専用実施権の発生**
専用実施権は，特許庁に登録しなければ効力が発生しません（特許法98条1項2号）。

特許法・実用新案法

イ ✗ **通常実施権の発生**
通常実施権は，当事者間の契約をした時点で効力が発生します。登録する必要はありません。

ウ ✗ **法定通常実施権**
先使用権等の法定通常実施権は，契約によらず効力が発生します。

正解 ア

➕ プラスの枝　解答

1 ◯ **専用実施権の効力発生要件**
専用実施権は独占排他性を有する強力な権利であり，第三者に与える影響が大きいことから，権利の帰属関係を明確にする必要があります。そのため，特許庁への設定登録が効力の発生要件となっています（特許法98条1項2号）。

2 ✗ **仮通常実施権の登録制度**
これまでは，実施権の登録は，設定登録後の特許権に対してのみ可能であり，特許出願段階では認められていませんでした。しかし，このような状況下では，第三者に対抗できないため，特許登録前に出願人が破産したり実施権者に無断で出願を譲渡した場合，新しい出願人や権利者から契約を一方的に解除されたり権利行使をされたりするおそれがありました。このような問題を解決するために，出願中であっても実施契約を登録することができるように仮通常（専用）実施権の登録制度が設けられました（特許法34条の2，34条の3）。ただし，仮通常実施権の場合は，契約により効力は発生します。登録が効力発生要件なのは仮専用実施権の場合です。

3 ◯ **登録の効果**
権利の帰属関係を明確にし，第三者が安心して取引できるようにする目的から，特許権の移転等については，登録が効力の発生要件です（特許法98条1項1号）。

4 ✗ **登録の効果の例外**
相続その他会社の合併等の一般承継による特許権の移転は，例外として登録なしでも効力は発生します（特許法98条1項1号かっこ書）。

 **問題 23** 予想問題

ア〜ウを比較して，実用新案法の保護対象として，最も<u>不適切</u>なものはどれか。

ア　家計簿　　イ　ボルトとナット　　ウ　粉末の風邪薬

 プラスの枝

実用新案法の保護対象として適切なものに○をしなさい

1　トランプ　　2　道路の立体交差
3　セメントの組成物　　4　コンピュータプログラム
5　食品の製法　　6　競技場等の形状
7　新素材

テーマ解説　実用新案法の保護対象

特許法が発明の保護を目的とするのに対し，実用新案法はいわゆる小発明である考案の保護を目的としています。保護される考案は，物品の①形状，②構造，③組合せ，です（実用新案法1条，3条1項柱書）。物品とは，一定の形態を有し，直接把握できるものに限られます。したがって，医薬，ガラス，合金，セメント等の組成物は，一定の形態を直接把握できないので実用新案の保護対象にはなり得ません。

問題23　解答

ア　○　**②物品の構造**
　　　　物品が空間的，立体的に組み立てられている構成を「物品の構造」といいます。家計簿等の紙面に表示された仕分け表等も，物品の構造と扱われ，実用新案法の保護対象に該当します。

イ　○　**③物品の組合せ**
　　　　単独の物品を組合せて使用価値を生じさせたものを「物品の組合せ」といいます。それぞれが組合さって初めて使用価値を生むボルトとナ

特許法・実用新案法

ットは物品の組合せといえ，実用新案法の保護対象に該当します。

ウ ✗ **一定形態を有しないもの**
物品は，一定形態を有し，直接把握できるものに限られます。粉末の風邪薬は，その条件を満たしていないので，物品として扱われません。したがって，実用新案の保護対象に該当しません。

正解　ウ

➕ プラスの枝　解答

1 ○ **③物品の組合せ**
トランプは，カードを複数組合せることで使用価値が生じる「物品の組合せ」に該当します。

2 ○ **②物品の構造**
実用新案法では，物品を広く解して，道路の立体交差，競技場の形状，円形校舎等の不動産等も保護対象として認めています。

3 ✗ **組成物**
セメントの組成物は，一定の形態を有していませんので，物品に該当しません。実用新案法ではなく，特許法で保護します。

4 ✗ **コンピュータプログラム**
コンピュータプログラム自体は，無体財産で目に見えるものではなく，物品に該当しません。実用新案法ではなく，特許法等で保護します。

5 ✗ **方法の考案**
食品の製法に限らず，あらゆる方法は，物品としての要件を満たしません。実用新案法ではなく，特許法で保護します。

6 ○ **①物品の形状**
外部から観察できる物品の外形を「物品の形状」といいます。実用新案法では競技場等の形状も物品の形状に該当するとして，保護対象として認めています。物品の大きさは問われません。

7 ✗ **一定形態を有しないもの**
新素材そのものは，一定の形態を有していませんので，物品に該当しません。実用新案法ではなく，特許法で保護します。

47

問題 24 予想問題

ア〜ウを比較して，実用新案法に関して，最も不適切なものはどれか。

ア 実用新案権の存続期間は，設定登録の日から10年である。
イ 実用新案技術評価書を提示して警告をした後でなければ，実用新案権は行使することができない。
ウ 実用新案登録出願では，図面は必須の書類である。

 プラスの枝

適切なものに○をしなさい

1 実用新案登録出願では，出願審査請求をしなければ，実体審査がなされず，実用新案登録されることはない。
2 実用新案登録出願では，方式審査と基礎的要件の審査のみが行われ，実体審査はなされない。
3 実用新案技術評価の請求は，実用新案登録出願人又は実用新案権者のみがすることができる。

テーマ解説　実用新案法の制度

実用新案法では，特許法とは異なり，実用新案登録出願を行えば無審査で登録となります。そのため，出願審査請求のような制度はありません。また，出願公開制度もありません。
実用新案登録出願では，特許出願と異なり，図面が必須の書類となります。
実用新案登録されると，その実用新案権は，実用新案登録出願の日から10年間存続します。存続期間の延長はありません。
実用新案権は無審査で登録されるため，実用新案技術評価書を提示して警告をした後でなければ，差止請求等の権利行使を行うことはできません。

特許法・実用新案法

問題24　解答

ア　✗　**実用新案権の存続期間**
実用新案権の存続期間は，実用新案登録出願の日から10年です（実用新案法15条）。

イ　○　**実用新案権の行使**
実用新案権は，その登録実用新案に係る実用新案技術評価書を提示して警告をした後でなければ，行使することができません（実用新案法29条の2）。

ウ　○　**出願書類**
実用新案登録出願では，願書，実用新案登録請求の範囲，明細書，図面及び要約書が必須の書類となります。特許出願と異なり，図面は省略できません。

正解　ア　　Part1 テーマ 21

➕ プラスの枝　解答

1　✗　**無審査登録主義**
実用新案登録出願では実体審査がなされず，無審査で登録されることから出願審査請求制度がありません。

2　○　**無審査登録主義**
実用新案登録出願では，方式や基礎的要件の形式面のみが審査され，考案の内容自体については審査がされず，無審査で登録されます。なお，基礎的要件の審査は，公序良俗違反ではないか，出願された考案が実用新案法の保護対象であるか等が審査されます。

3　✗　**実用新案技術評価**
実用新案技術評価の請求は何人もすることができます。

基本の知識をチェック！

次の文章は，正しいか，誤っているか。

1 人間に対する手術や治療方法は，産業上利用することができる発明に該当する。

2 同一の発明について同じ日に2以上の特許出願があったときに，最先の出願人のみがその発明について特許を受けることができることを，先願主義という。

3 特許を受けようとする者は，願書に明細書，特許請求の範囲，図面及び要約書を添付しなければならない。

4 特許を受けようとする者は，明細書に「発明の名称」，「図面の簡単な説明」，「発明の詳細な説明」を記載しなければならない。

5 特許出願があったときは，何人も，その日から3年以内に経済産業大臣にその特許出願に対して，出願審査の請求をすることができる。

6 特許庁長官は，原則として特許出願日から1年6カ月を経過したときは，その特許出願について出願公開をしなければならない。

7 特許権の存続期間は，特許出願の日から20年で終了し，延長される場合はない。

8 特許出願人は，国内優先権を伴う特許出願の場合は，先の出願日から3年以内に出願審査の請求をしなければならない。

9 特許法において，通常実施権は登録がなくても効力が発生する。

10 特許権の存続期間満了後であっても，特許権侵害による損害に対して，損害賠償請求ができる場合がある。

11 実用新案権の存続期間は，実用新案権の設定登録の日から10年である。

50

特許法・実用新案法

Part 1

解答と解説

✗ 医師が人間に対して行う手術，治療等の医療行為は，産業上利用することができる発明に該当しません。

✗ 先願主義とは，同一の発明について異なった日に2以上の特許出願があったときに，最先の出願人がその発明について特許を受けることをいいます。

✗ 願書には，明細書，特許請求の範囲，必要な図面及び要約書を添付します。図面は必須ではありません。

○ 「発明の名称」，「図面の簡単な説明」，「発明の詳細な説明」は，明細書の記載事項です。

✗ 出願審査は，経済産業大臣ではなく特許庁長官に対して請求します。

○ 特許庁長官は，原則として特許出願日から1年6カ月を経過したときは，その特許出願について出願公開をしなければなりません。

✗ 医薬品等については，最大で5年の延長がされる場合があります。また，権利化まで長期間を要したときにも延長される場合があります。

✗ 国内優先権を伴う特許出願の場合は，後の出願日から3年以内に出願審査の請求をしなければなりません。

○ 通常実施権は登録がなくても効力が発生します。一方，専用実施権の設定は登録しなければ効力が発生しないことに注意です。

○ 損害賠償請求権が時効により消滅していなければ，損害賠償請求は可能です。

✗ 実用新案権の存続期間は実用新案登録出願の日から10年です。実用新案権の設定登録の日からではありません。

過去問に✊チャレンジ！

問 1 　　　　　　　　　　　　　　　　　　　　19-7-21

ア～ウを比較して，発明，考案の保護に関して，最も<u>不適切</u>と考えられるものはどれか。

ア　自然法則に反する技術について，特許法による保護を受けることができない。

イ　方法の考案について，実用新案法による保護を受けることができる。

ウ　発明の技術情報を営業秘密として管理することにより，その発明について不正競争防止法による保護を受けることができる場合がある。

問 2 　　　　　　　　　　　　　　　　　　　　19-3-4

ア～ウを比較して，特許権の設定登録前に行える特許出願に係る手続に関して，最も適切と考えられるものはどれか。

ア　判定の請求

イ　特許異議の申立て

ウ　拒絶査定不服審判の請求

正解 イ

- ア ◯ 自然法則に反する技術は特許法による保護を受けることができません。
- イ ✗ 実用新案法の保護対象は，物品の形状，構造又は組合せに係る考案です。方法の考案については実用新案法による保護を受けることができません。
- ウ ◯ 発明の技術情報等を営業秘密として管理した場合，不正競争防止法による保護を受けられる場合があります。

もう一度check! ▶ 問題

正解 ウ

- ア ✗ 判定の請求は，ある製品等が特許権の権利範囲に含まれるかどうかについて，特許庁に法的拘束力のない判断を求める手続です（特許法71条）。特許権の設定登録前に行うことはできません。
- イ ✗ 特許異議の申立ては，特許権の設定登録後に行うことができる手続です（特許法113条）。
- ウ ◯ 拒絶査定不服審判の請求は，拒絶査定に対して不服を申立てる手続ですので，特許出願に係る手続です（特許法121条）。

過去問に チャレンジ！

問3　　　　　　　　　　　　　　　　　　　　　　20-11-4

ア～ウを比較して，特許権又は実用新案権に関して，最も適切と考えられるものはどれか。

ア　特許権に基づいて差止請求をする場合，相手方に特許掲載公報を提示して警告をしなければならない。

イ　特許権に基づいて損害賠償請求をする場合，相手方に特許掲載公報を提示して警告をしなければならない。

ウ　実用新案権に基づいて差止請求をする場合，相手方に実用新案技術評価書を提示して警告をしなければならない。

問4　　　　　　　　　　　　　　　　　　　　　　18-11-28

ア～ウを比較して，特許発明の技術的範囲に関する次の文章の空欄　1　に入る語句として，最も適切と考えられるものはどれか。

特許発明の技術的範囲は，願書に添付した　1　の記載に基づいて定めなければならない。

ア　1　＝特許請求の範囲

イ　1　＝特許請求の範囲及び明細書

ウ　1　＝特許請求の範囲，明細書及び図面

特許法・実用新案法

> 正解　ウ

ア　✗　特許権に基づいて差止請求をする場合は必ずしも警告をする必要はありません。
イ　✗　特許権に基づいて損害賠償請求をする場合も必ずしも警告をする必要はありません。
ウ　○　実用新案権の権利行使は，相手方に実用新案技術評価書を提示して警告した後でなければすることができません（実用新案法29条の2）。

> 正解　ア

ア　○　　イ　✗　　ウ　✗
　　　特許発明の技術的範囲は，願書に添付した特許請求の範囲の記載に基づいて定めなければなりません（特許法70条1項）。

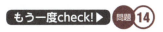

過去問に チャレンジ！

問5
18-11-21

ア～ウを比較して，特許出願の際，必ずしも願書に添付しなくてもよい書類として，最も適切と考えられるものはどれか。

ア　特許請求の範囲
イ　要約書
ウ　図面

問6
18-7-24

ア～ウを比較して，特許権の行使に関して，最も適切と考えられるものはどれか。

ア　特許権を侵害する者に対しては，刑事罰として罰金刑のみが科される。
イ　特許権の行使の可否の判断のためには，その特許権に係る明細書の発明の詳細な説明に記載された発明のみと，その特許権を行使しようとする対象製品の技術とを比較しなければならない。
ウ　特許権は設定登録の日からその効力が発生するので，その設定登録日後であれば直ちに特許権を行使することができる。

特許法・実用新案法

正解　ウ

ア　✗　　イ　✗　　ウ　○
　　　特許出願では図面は必須の書類ではありません。

正解　ウ

ア　✗　特許権を侵害する者に対しては，10年以下の懲役若しくは1000万円以下の罰金，又はこれを併科されます（特許法196条）。
イ　✗　特許権の行使の可否の判断のためには，その特許権に係る特許請求の範囲に記載された発明と，その特許権を行使しようとする対象製品の技術とを比較します。
ウ　○　特許権の設定登録後であれば，直ちに特許権を行使することができます。

過去問に 🖐 チャレンジ！

問7 　　　　　　　　　　　　　　　　　　　18-7-2

ア～ウを比較して，特許出願についての出願審査請求に関して，最も**不適切**と考えられるものはどれか。

　ア　出願審査請求の取下げは，特許出願人のみがすることができる。
　イ　出願審査請求をしなければ特許出願の審査は行われない。
　ウ　出願審査請求は，特許出願人以外の第三者もすることができる。

問8 　　　　　　　　　　　　　　　　　　　21-3-9

ア～ウを比較して，特許出願における拒絶査定不服審判の請求と同時に行うことができる手続として，最も**不適切**と考えられるものはどれか。

　ア　特許出願の分割
　イ　手続補正書の提出
　ウ　拒絶審決に対する訴え

特許法・実用新案法

正解　ア

ア　✕　出願審査請求は取り下げることができません（特許法48条の３第３項）。

イ　○　出願審査請求をしない場合，実体審査は行われません（特許法48条の２）。

ウ　○　出願審査請求は，何人でもすることができます（特許法48条の３第１項）。

正解　ウ

ア　○　特許出願の分割は，拒絶査定不服審判の請求と同時に行うことができます（特許法44条１項１号）。

イ　○　手続補正書の提出は，拒絶査定不服審判の請求と同時に行うことができます（特許法17条の２第１項４号）。

ウ　✕　拒絶審決の取り消しを求める訴えは，拒絶査定不服審判において拒絶審決を受けた場合にすることができます。拒絶査定不服審判の請求と同時に行うことはできません。

過去問に チャレンジ！

問9
18-11-15

ア～ウを比較して，特許法に規定する拒絶審決に対する手続に関して，最も適切と考えられるものはどれか。

ア　東京地方裁判所に訴えを提起することができる。
イ　経済産業大臣に不服審判請求をすることができる。
ウ　東京高等裁判所に訴えを提起することができる。

問10
19-3-28

ア～ウを比較して，特許法で規定される，産業上利用することができる発明に関して，最も不適切と考えられるものはどれか。

ア　産業上利用することができる発明は，工業的に生産することができる必要がある。
イ　人間を手術する際に使用する手術用器具は，産業上利用することができる発明に該当する。
ウ　現実的に，明らかに実施できない発明は，産業上利用することができる発明には該当しない。

問11
19-11-24

ア～ウを比較して，拒絶理由通知を受けた特許出願人の対応として，最も不適切と考えられるものはどれか。

ア　特許出願を分割する。
イ　手続補正書を提出する。
ウ　不服審判を請求する。

60

正解　ウ

ア ✗　イ ✗　ウ ○
　　　審決取消訴訟は東京高等裁判所の専属管轄となります（特許法178条1項）。

正解　ア

ア ✗　産業上利用できる発明は，工業的に生産されるものだけでなく，鉱業，農業，漁業，運輸業，通信業等に関する発明も含まれます。
イ ○　医療行為に関する方法の発明については，産業上利用することができる発明には該当しませんが，医療器具については産業上利用することができる発明に該当します。
ウ ○　現実的に，明らかに実施できない発明は，産業上利用することができる発明には該当しません。

正解　ウ

ア ○　例えば一部の請求項にのみ拒絶理由がある場合，拒絶理由がある請求項を分割し，拒絶理由がない請求項を早期に権利化するとともに，拒絶理由がある請求項について別途争うことができます。
イ ○　手続補正書を提出し拒絶理由を解消できるように補正することは，特許出願人の対応として適切です。
ウ ✗　不服審判は拒絶理由通知時に請求することはできません。

過去問に チャレンジ！

問12   19-11-21

ア～ウを比較して，同一の発明について，同日に２以上の特許出願があった場合の取扱として，最も**不適切**と考えられるものはどれか。

　ア　いずれの特許出願人も特許を受けることができない場合がある。
　イ　特許出願人に対して，特許庁長官から協議命令が出される。
　ウ　特許庁長官が行う「くじ」により選ばれた特許出願人が特許を受けることができる。

問13   20-11-28

ア～ウを比較して，特許出願に係る書類の記載要件に関する次の文章の空欄　1　に入る語句として，最も適切と考えられるものはどれか。

特許権は発明を公開したことへの代償として付与されるものであるから，　1　の記載要件として，その発明の属する技術分野における通常の知識を有する者がその発明を実施することができる程度に明確かつ十分に記載したものでなければならないとされている。

　ア　図面
　イ　発明の詳細な説明
　ウ　要約書

特許法・実用新案法

正解　ウ

ア ○　協議ができない場合や，協議が成立しない場合には，いずれの特許出願人も特許を受けることができません（特許法39条2項）。
イ ○　同一の発明について，同日に2以上の特許出願があった場合には，特許庁長官から協議命令が出されます（特許法39条2項）。
ウ ✗　商標登録出願においては「くじ」により選ばれた出願人が登録を受けることができますが，特許出願においてはこのような制度はありません。

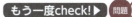

正解　イ

ア ✗　イ ○　ウ ✗
発明の詳細な説明の記載要件としては，その発明の属する技術分野における通常の知識を有する者（当業者）がその発明を実施することができる程度に明確かつ十分に記載したものでなければならないとされています（特許法36条4項1号）。
この要件は，実施可能要件といわれます。

過去問に チャレンジ！

問14

21-3-21

ア～ウを比較して，発明の新規性喪失の例外の規定に関して，最も適切と考えられるものはどれか。

- ア　特許を受ける権利を有する者の自己の行為に起因して新規性を喪失した発明について，新規性喪失の例外の規定の適用を受けることができない。
- イ　特許を受ける権利を有する者がした特許出願に係る公開特許公報に掲載された発明について，新規性喪失の例外の規定の適用を受けることができない。
- ウ　新規性喪失の例外の規定の適用を受けることができるのは，日本国内で新規性を喪失した発明に限られる。

問15

19-11-9

ア～ウを比較して，特許法における発明者として，最も**不適切**と考えられるものはどれか。

- ア　学校法人
- イ　異なる企業に勤務する複数の従業者
- ウ　未成年者

正解　イ

ア　✗　特許を受ける権利を有する者の行為に起因して新規性を喪失した発明については，新規性喪失の例外規定の適用を受けることができます（特許法30条2項）。なお，特許を受ける権利を有する者の意に反して新規性を喪失した発明についても新規性喪失の例外規定の適用を受けることができます（特許法30条1項）。

イ　◯　特許出願人がした特許出願に係る公開特許公報に掲載されたことによって新規性を喪失した場合，新規性喪失の例外規定の適用を受けることはできません（特許法30条2項かっこ書）。

ウ　✗　新規性喪失の例外の規定の適用を受けることができるのは，日本国内で新規性を喪失した発明に限られません。

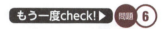

正解　ア

ア　✗　発明者となれるのは自然人のみです。法人は発明者となることができません。

イ　◯　異なる企業に勤務する複数の従業者は，いずれも発明者となることができます。

ウ　◯　未成年者であっても発明者となることができます。

過去問に チャレンジ！

問16　18-11-25

ア〜ウを比較して，特許権に基づくライセンス契約に関して，最も適切と考えられるものはどれか。

ア　特許権が共有に係るときは，各共有者は，他の共有者の同意を得なくとも，その特許権について通常実施権を許諾することができる。

イ　通常実施権では，内容，地域，期間を限定して許諾することはできない。

ウ　特許権者は，自己の特許権の全範囲について，専用実施権を設定したときには，特許発明を実施できない。

問17　19-7-3

ア〜ウを比較して，特許法の目的に関する次の文章の空欄　1　に入る語句として，最も適切と考えられるものはどれか。

この法律は，発明の保護及び利用を図ることにより，発明を奨励し，もって　1　の発達に寄与することを目的とする。

ア　経済

イ　学術

ウ　産業

特許法・実用新案法

正解　ウ

ア　✘　特許権が共有に係るときは，各共有者は，他の共有者の同意を得なければ，その特許権について専用実施権の設定や通常実施権の許諾をすることができません（特許法73条3項）。
イ　✘　専用実施権や通常実施権は，内容，地域，期間を限定して設定・許諾することが可能です。
ウ　◯　専用実施権を設定した場合には，特許権者といえども設定した範囲では特許発明を実施できません。したがって，自己の特許権の全範囲について専用実施権を設定した場合には，自己の特許発明を実施することはできません。

正解　ウ

ア　✘　　イ　✘　　ウ　◯
　　　特許法の目的は，発明の保護及び利用を図ることにより，発明を奨励し，もって産業の発達に寄与することです（特許法1条）。

過去問に チャレンジ！

問18
19-7-24

ア～ウを比較して，特許出願の出願審査の請求の手続に関して，最も適切と考えられるものはどれか。

ア　特許出願と同時に出願審査の請求を行うことができる。

イ　特許出願人以外の第三者は出願審査の請求を行うことができない。

ウ　特許出願の出願日から1年後に出願審査の請求を行い，その請求から1年後に出願審査の請求を取り下げることができる。

問19
19-11-2

ア～ウを比較して，特許出願の出願公開に関して，最も適切と考えられるものはどれか。

ア　特許出願の出願日から1年後に，出願公開されることがある。

イ　出願公開がされた後に，審査官から出願人に拒絶理由が通知されることはない。

ウ　特許出願人が出願公開請求をしなければ，出願公開がされることはない。

特許法・実用新案法

> 正解　ア

ア ○　出願審査請求は特許出願から３年以内に行えばよく，特許出願と同時に出願審査の請求を行うこともできます。
イ ✗　出願審査請求は，何人もすることができます（特許法48条の３第１項）。
ウ ✗　出願審査請求は取り下げることができません（特許法48条の３第３項）。

> 正解　ア

ア ○　出願公開の請求をした場合には，特許出願の日から１年後に出願公開されることがあります。
イ ✗　出願公開の有無にかかわらず，実体審査で拒絶理由が発見された場合には，拒絶理由が通知されます。
ウ ✗　特許出願人が出願公開の請求をしなくても，特許出願の日から１年６カ月経過後に出願公開されます。

Part2

意匠法

Introduction

使いやすい製品のデザインを真似したものを作って販売したら儲かりそう！　しかし，これが認められたらデザインを開発した人の権利は守られませんよね。Part 2 では，これら「工業上利用できるデザイン」を保護する「意匠制度」について，意匠法特有の制度を整理しながら，特許制度との共通点や違いを意識して学習を進めましょう。

18-11-11

ア〜ウを比較して，意匠法に関して，最も適切と考えられるものはどれか。

ア　意匠権は，設定登録日から15年間存続し，更新することができない。
イ　意匠登録出願は，出願日から3年以内に出願審査請求を行わなかった場合には，取り下げたものとみなされる。
ウ　秘密意匠としての請求をしていない意匠登録出願であっても，意匠登録前に特許庁から出願公開されることはない。

 プラスの枝

適切なものに○をしなさい

1　意匠登録出願も特許出願と同様に，出願審査請求を行わなければ審査されることはない。
2　意匠登録出願は，経済産業省令で定めるところにより意匠毎に出願しなければならない。
3　同時に使用される2つ以上の物品で，経済産業省令で定められたものは全体的に統一感があれば，1つの意匠として出願することができる。
4　純美術品のような大量生産できないものであっても，美感を起こさせるものであれば意匠法の保護対象になる。

テーマ解説　意匠制度　

意匠法は，意匠の保護及び利用を図ることで意匠の創作を奨励し，産業の発達に寄与することを目的としています（意匠法1条）。つまり，意匠法は工業上利用できるデザインを保護する法律といえます。したがって，純美術品のように大量生産できないものや，物品とは離れた模様や色彩のみで構成されているものは保護対象とはなりません。

意匠法

問題1　解答

ア　✗　意匠権の存続期間
意匠権の存続期間は意匠登録出願の日から25年です。なお，更新することはできません。

イ　✗　審査請求制度
意匠法では出願審査請求制度は採用されていません。そのため，出願すれば実体審査がなされます。

ウ　〇　出願公開制度
意匠法では出願公開制度は採用されていません。そのため，出願中にその意匠が公開されることはありません。なお，秘密意匠制度とは意匠登録を一定期間秘密の状態にしておける制度です（意匠法14条）。

正解　ウ　　Part2 テーマ①

プラスの枝　解答

1　✗　出願審査請求制度は規定されていない
意匠制度では，出願したものはすべて審査の対象となります。特許法のように出願審査請求制度はありません。

2　〇　意匠登録出願
意匠に係る物品は経済産業省令で定めるところにより，意匠毎に出願しなければなりません（意匠法7条）。

3　〇　組物の意匠
同時に使用される2つ以上の物品，建築物又は画像で経済産業省令で定められたものは，1つの意匠として出願することが可能です（意匠法8条）。これを組物の意匠といいます。ただし，全体として統一感がない場合は，組物の意匠として認められません。

4　✗　意匠法の保護対象
意匠法の保護対象は工業上利用できる意匠ですので，純美術品のような大量生産できないものは保護対象となりません。

 問題2 19-3-18改題

ア～ウを比較して，意匠として，登録される可能性が高いものとして，最も<u>不適切</u>と考えられるものはどれか。

- ア 物品の部分
- イ 不動産
- ウ 純粋美術品

 プラスの枝

意匠登録を受けることができるものとして適切なものに○をしなさい

1 技術的なアイデア
2 製品の外観
3 製品の内部構造
4 定型性を有しないもの
5 固有の形状等を有しないもの

 意匠登録を受けることができる意匠

意匠登録を受けることができる意匠は，「物品」，「建築物」又は「画像」であること，「物品又は建築物の形状，模様若しくは色彩若しくはこれらの結合」であること，「視覚を通じて把握されるもの」であること（視覚性），「美感を起こさせるもの」であること（美感性）の要素を満たすことが要件です（意匠法2条1項）。さらに物品性には「独立の製品として取引されるもの」であること（取引性），「一定形状を有するもの」であること（定型性），「固有の形状等を有するもの」であること（有体性）等を満たす必要があります。これらの要件を満たして，初めて意匠登録を受けることができる意匠の対象になります。

問題2 解答

ア ○ 部分意匠
物品の部分に関する意匠は，部分意匠制度を利用することにより，意匠登録される可能性があります。

イ ○ 不動産
不動産は，意匠登録される可能性があります。

ウ ✕ 純粋美術品
純粋美術品は，工業的に量産できるものではありません。そのため，工業上利用できる意匠ではなく，意匠登録を受けることができません。

正解 ウ

プラスの枝　解答

1 ✕ 特許の対象
意匠登録を受けることができる意匠は物品の外観であり，技術的思想の創作といった観念的なものは保護対象にはなり得ません。

2 ○ 視覚性
物品の外部から見える部分が意匠の対象になりますので，製品の外観は意匠登録を受けることができる意匠の対象といえます。

3 ✕ 視覚性
製品の内部構造は外部から見ることができないため，視覚を通じて把握できません。したがって，意匠登録を受けることができる意匠とはいえません。

4 ✕ 定型性
意匠登録を受ける意匠になるには有体物であることが必要ですが，有体物でも粉状物，粒状物等の定型性がないものは「物品」とは認められず，意匠登録を受けることができる意匠とはいえません。

5 ✕ 有体性
気体や液体など，そのものが固有の形状等を有してないものは「物品」と認められません。ただし，取引時に形状等を維持できるアイスクリームは意匠登録の対象になります。

19-11-22

ア〜ウを比較して，意匠登録を受けることができない意匠として，最も適切と考えられるものはどれか。

- ア　公の秩序又は善良の風俗を害するおそれがある意匠
- イ　物品の機能を確保するために不可欠な形状を含む意匠
- ウ　自己の業務に係る物品と混同を生ずるおそれがある意匠

➕ プラスの枝

意匠登録を受けることができる意匠に○をしなさい

1. 物品の機能を確保するために不可欠な形状のみからなる意匠
2. 他人の業務に係る物品と混同を生ずるおそれがある意匠
3. 公序良俗に反する意匠　　4. 標準化されている意匠
5. 物品の部分に係る意匠

テーマ解説　意匠登録を受けることができない意匠

意匠登録を受けることができない意匠は，①公の秩序又は善良の風俗を害するおそれがある意匠　②他人の業務に係る物品と混同を生ずるおそれがある意匠　③物品の機能を確保するために不可欠な形状もしくは建築物の用途にとって不可欠な形状のみからなる意匠又は画像の用途にとって不可欠な表示のみからなる意匠，と規定されています（意匠法5条）。

また，意匠法では工業上利用できる物品の意匠を対象としていますので，④工業上利用できない意匠は保護対象とはなりません。なお，ここでいう「物品」とは動産のみを指しています。

問題3　解答

ア　○　**公序良俗違反**

　　　公の秩序又は善良の風俗を害するおそれがある意匠は意匠登録を受け

意匠法

ることができません（意匠法5条1号）。

イ ✗ **必然的形状**
物品の機能を確保するために不可欠な形状のみからなる意匠は登録されませんが，不可欠な形状を含む意匠については意匠登録される可能性があります。

ウ ✗ **混同を生ずる意匠**
他人の業務に係る物品と混同を生ずるおそれがある意匠は意匠登録を受けることができませんが（意匠法5条2号），自己の業務に係る物品と混同を生ずるおそれがある意匠については不登録事由に該当しません。

プラスの枝　解答

1 ✗ ③**物品の機能を確保するために不可欠な形状のみからなる意匠**
パラボラアンテナのように機能を確保するために不可欠な形状のみからなる意匠は意匠登録の対象とはなりません。

2 ✗ ②**他人の業務に係る物品と混同を生ずるおそれがある意匠**
いわゆる模倣品のようなもので，このようなものは意匠登録の対象とはなりません。

3 ✗ ①**公の秩序又は善良の風俗を害するおそれがある意匠**
公序良俗を害するものは意匠登録の対象とはなりません。例えば，わいせつ物等がそれに当たります。

4 ✗ ③**物品の機能を確保するために不可欠な形状のみからなる意匠**
JIS規格のような標準化されている意匠は，物品の機能を確保するために不可欠な形状のみからなる意匠とみなされ，意匠登録の対象とはなりません。

5 ◯ **部分意匠**
意匠法でいう物品には，物品の部分も含まれています（意匠法2条1項かっこ書）。したがって，物品の部分に係る意匠も意匠登録の対象になります。これを部分意匠といいます。

 18-11-22

ア～ウを比較して，意匠登録を受けることができる可能性のある意匠として，最も適切と考えられるものはどれか。

　ア　意匠登録出願の出願日の1カ月前に外国で公知となった他人の意匠に類似する意匠
　イ　物品の機能を確保するために不可欠な形状のみからなる意匠
　ウ　意匠登録出願の出願日の3カ月前に自ら日本国内で頒布した刊行物に記載された意匠

 プラスの枝

意匠登録の要件として適切なものに○をしなさい

　1　先願の意匠
　2　工業上利用することができる意匠
　3　不登録事由に該当しない意匠
　4　機能性の高い意匠

意匠の登録要件

意匠のすべてが意匠権を取得できるわけではありません。いくつかの要件をすべて満たして，初めて意匠権を取得できます。それが登録要件といわれるものです。

意匠の登録要件は，主に①工業上利用できる意匠であること（意匠法3条1項柱書），②新規性のある意匠であること（意匠法3条1項），③創作非容易性のある意匠であること（意匠法3条2項），④不登録事由に該当しない意匠であること（意匠法5条），⑤先願の意匠であること（意匠法9条1項），等です。

問題4　解答

　ア　✗　公知意匠に類似する意匠

意匠法

意匠登録出願前に公知となった意匠に類似する意匠は，新規性がないため意匠登録を受けることができません（意匠法3条1項3号）。

イ　✗　**不登録事由**
物品の機能を確保するために不可欠な形状のみからなる意匠は，意匠登録を受けることができません（意匠法5条3号）。

ウ　〇　**新規性喪失の例外**
原則として，意匠登録出願前に自ら公にした意匠は新規性が喪失しており，意匠登録を受けることができません（意匠法3条1項2号）。しかし，自ら公にした日から1年以内に意匠登録出願を行い，所定の書面を提出することで，新規性喪失の例外規定の適用を受けることができます（意匠法4条2項）。新規性喪失の例外規定の適用を受ければ，新規性が失われていないとみなされ，意匠登録を受けることができる可能性があります。

正解　ウ

➕ プラスの枝　解答

1　〇　**⑤先願の意匠**
同一又は類似の意匠について，異なった日に2つ以上の意匠登録出願があった場合には，最も先に出願した出願人が意匠登録を受けることができます（意匠法9条1項）。したがって，すでに同じものや似ているものが出願されている場合は，意匠登録を受けることができません。

2　〇　**①工業上利用できる意匠であること**
意匠法では，工業上利用できる意匠であることが求められます。意匠法の目的は産業の発達に寄与することであり，工業上利用できない意匠は産業の発達に寄与できるものではないので，意匠登録を受けることができません。

3　〇　**④不登録事由に該当しない意匠**
不登録事由に該当する意匠は，意匠登録を受けることができません。具体的には公序良俗を害するもの，他人の業務に係る物品と混同するおそれのあるもの，機能を確保するために不可欠な形状のみからなるものです。

4　✗　**意匠の登録要件としては不適切**
意匠登録を受ける意匠には，美感を起こさせる外観を有することが求められます。機能性の高い低いは問題ではありません。

問題 5 18-7-11改題

ア〜ウを比較して，意匠権の効力に関して，最も<u>不適切</u>と考えられるものはどれか。

ア 登録意匠とそれ以外の意匠が類似するか否かの判断は，その意匠の属する分野における通常の知識を有する者の視覚を通じて起こさせる美感に基づいて行うものとする。
イ 試験又は研究のために登録意匠を実施する場合には，意匠権者の許諾を得ていなくとも，実施することができる。
ウ 意匠権の効力は，物品が同一又は類似で形状等が同一又は類似の意匠だけに及び，物品が非類似で形状等が類似する意匠にまで及ぶことはない。

 プラスの枝

適切なものに○をしなさい

1 意匠権の効力は，業としての登録意匠の実施でない場合は制限される。
2 意匠権の効力は，海外での登録意匠の実施の場合には制限されない。
3 意匠権の効力は，単に日本国内を通過するだけの船舶に使用する器具には制限される。

 テーマ解説 意匠権の効力

意匠権の効力が及ぶ範囲は，意匠の実施をする権利を専有できる範囲と言い換えることができます。この範囲は，「物品」と「形状等（デザイン）」の2つの要素で判断されます。意匠権者は，物品が同一又は類似で，形状等が同一又は類似している意匠の実施を独占できます（意匠法23条）。物品の類似の具体例は，ボールペンと万年筆です。類似の範囲まで効力が及ぶのは，意匠は物品の外観であることから，同一の範囲に限定してしまうと，極めて権利範囲が狭くなり，権利保護の実効性が図れないためです。
意匠権の効力は，公益上もしくは公平上，又は産業政策上の見地から，一定の制限がなされる場合があります。主なものとして，①業としての実施でない場合，②日本国外での実施の場合，③試験又は研究のためにする実

施，④国際交通の利便等を考慮する場合等が挙げられます。3級では，この程度まで知っていれば十分です。あわせて覚えておきましょう。

問題5　解答

ア　✗　登録意匠の類否
登録意匠とそれ以外の意匠が類似であるか否かの判断は，需要者の視覚を通じて起こさせる美感に基づいて行われます（意匠法24条2項）。

イ　○　試験又は研究のための実施
試験又は研究のための実施には意匠権の効力が及びませんので，意匠権者の許諾を得ずに実施できます（意匠法36条準用特許法69条1項）。

ウ　○　意匠権の効力
意匠権の効力は，物品が同一又は類似で形状等が同一又は類似の意匠に及びます。

プラスの枝　解答

1　○　意匠権の排他的効力の制限
業としての実施でない場合に意匠権の効力を及ぼすのは行き過ぎですので，制限されます。

2　✗　意匠権の効力の地域的制限
属地主義の原則に基づき，日本で取得した意匠権の効力は日本国内に制限されます。外国に意匠権の効力を及ぼすためには，権利主張したい国単位で意匠権を取得する必要があります。

3　○　意匠権の排他的効力の制限
単に日本国内を通過するに過ぎない船舶や航空機に使用する器具等には，国際交通の便宜を考えて，意匠権の効力は制限されます（意匠法36条準用特許法69条2項1号）。

問題 6 予想問題

ア～ウを比較して，関連意匠制度に関して，最も適切と考えられるものはどれか。

- ア 関連意匠を出願する場合には，「本意匠」を定めなければならない。
- イ 同一出願人であれば，本意匠の意匠登録出願の日から15年を経過した後でも，本意匠に類似する関連意匠を出願することができる。
- ウ 本意匠の関連意匠に類似であれば，本意匠に類似しない意匠であっても，関連意匠として意匠登録を受けることができない。

プラスの枝

適切なものに○をしなさい

1. 関連意匠といえども独立した権利なので，関連意匠の存続期間は関連意匠の意匠登録出願の日から25年存続する。
2. 本意匠の登録料を納付していれば，関連意匠の登録料は納付する必要がない。
3. 関連意匠を出願する場合は，本意匠の出願から意匠公報が発行される前日までに手続する必要がある。
4. 関連意匠は本意匠に類似する意匠であるので，本意匠と同じ出願書類にまとめて出願することができる。

テーマ解説 関連意匠制度

関連意匠とは，ある意匠（本意匠）に類似する意匠のことを指しています。関連意匠制度とは，本意匠に類似する意匠を一定の期間内に出願すれば関連意匠として意匠登録を受けることができる制度です（意匠法10条）。例えば，デザイン的に最も優れた製品だけでなく，その製品に似た意匠も意匠登録を受けたいといった場合に有効な制度です。

関連意匠として出願するための条件は本意匠の出願人と同一の出願人が，本意匠の出願日から10年が経過する日前までに行う必要があります。

意匠法

問題6　解答

ア　○　**本意匠の存在**
本意匠に類似する意匠を関連意匠といいます。関連意匠制度を利用するためには，どの意匠が本意匠で，どの意匠が関連意匠であるかを明確にしなければなりません。

イ　×　**関連意匠の登録要件**
関連意匠の出願は，本意匠の意匠登録出願の日以後，10年を経過する日前に行う必要があります（意匠法10条1項）。例え同一出願人といえども，本意匠の出願の日から15年経過後に関連意匠出願はできません。

ウ　×　**関連意匠にのみ類似する意匠**
本意匠に類似する意匠または関連意匠にのみ類似する意匠について，関連意匠として登録を受けることができます。

正解　ア

➕ プラスの枝　解答

1　×　**関連意匠の存続期間**
関連意匠の意匠権の存続期間は，本意匠の意匠登録出願の日から25年です（意匠法21条2項）。

2　×　**関連意匠の登録料**
本意匠の登録料を納付していても，関連意匠の登録料を納付しなければ，関連意匠の意匠権は発生しません。

3　×　**関連意匠の登録要件**
関連意匠の出願は，本意匠の意匠登録出願の日から10年が経過する日前までに行う必要があります（意匠法10条1項）。

4　×　**一意匠一出願の原則**
意匠登録出願は，経済産業省令で定めるところにより意匠毎にしなければなりません（意匠法7条）。関連意匠といえども，同じ出願書類に本意匠と関連意匠を記載して出願することはできません。これを一意匠一出願の原則といいます。

問題 7 19-3-24改題

ア〜ウを比較して，意匠権の存続期間に関する次の文章の空欄 1 〜 3 に入る語句の組合せとして，最も適切と考えられるものはどれか。

意匠権の存続期間は， 1 から 2 であって，その存続期間の延長を請求することが 3 。

ア 1 ＝出願日　 2 ＝20年　 3 ＝できない
イ 1 ＝出願日　 2 ＝25年　 3 ＝できない
ウ 1 ＝登録日　 2 ＝10年　 3 ＝できる

 プラスの枝

適切なものに○をしなさい

1　意匠権の存続期間は，設定登録の日から15年である。
2　登録査定を受けた場合には，第1年分から第3年分の登録料を納めなければ意匠権は発生しない。
3　意匠権の存続期間は，請求によって一定期間延長することができる。
4　登録料を納付期限までに納付できなかった場合，意匠権はただちに消滅する。

テーマ解説　意匠権の存続期間

意匠権の存続期間は意匠登録出願の日から25年と規定されています（意匠法21条）。設定登録の日ではなく出願の日が基準となっています。

意匠権を維持するためには登録料を前年以前に納付しなければなりません（意匠法43条2項）。また，意匠権は存続期間の更新や延長を行うことはできません。

意匠法

問題7　解答

ア ✗　イ ◯　ウ ✗

意匠権の存続期間は，意匠権の意匠登録出願の日から25年です。この存続期間の延長を請求することはできません。

＋　プラスの枝　解答

1 ✗ **意匠権の存続期間**
意匠権の存続期間は，意匠登録出願の日から25年です。

2 ✗ **意匠権の発生**
意匠登録出願では，登録査定の謄本の送達があった日から30日以内に第1年分を納付すれば設定登録を受けることができます（意匠法20条2項）。なお，特許と実用新案では第1年分から第3年分を納付する必要があります。

3 ✗ **存続期間の制限**
意匠権の存続期間を延長する制度はありません。

4 ✗ **登録料の追納**
意匠権者は納付期限内に登録料を納付することができなかった場合，その期間が経過した後でも6カ月以内であれば登録料を追納できます（意匠法44条1項）。ただし，この場合は登録料と同額の割増登録料を納付しなければなりません（意匠法44条2項）。

問題 8　予想問題

ア〜ウを比較して，意匠権が侵害された場合の救済措置について，最も適切と考えられるものはどれか。

- ア　意匠権者は損害賠償請求権と差止請求権を同時には行使できない。
- イ　意匠権者は裁判所に対して，意匠権を侵害したことにより業務上の信用を害した者に信用を回復するための措置を命じるよう請求できる。
- ウ　専用実施権者は，侵害者に対して差止請求権を行使できない。

　プラスの枝

適切なものに○をしなさい

1. 秘密意匠の場合は，所定の警告をした後でなければ差止請求権を行使できない。
2. 侵害者に故意がなかった場合は，意匠権者は侵害者に対して差止請求権を行使できない。
3. 意匠権が侵害された場合，不当利得返還請求権を行使できる場合がある。
4. 意匠権者は侵害者に対して，民事上の救済を受けることができても，刑事上の制裁を受けさせることはできない。

テーマ解説　意匠権が侵害された場合の救済措置

商品の売れ行きは，外観のデザインによっても左右されます。そのため良いデザインは他人にすぐに真似されてしまいます。もし真似をされても，そのデザインが登録意匠の場合は意匠権の侵害になり，民事上の救済を受けることができ，侵害者に刑事上の制裁を受けさせることができます。問題はどのような形で救済を受けられるか，です。
民事上では特許法と同様に，①差止請求権，②損害賠償請求権，③信用回復措置請求権，④不当利得返還請求権，の4つが認められています。

意匠法

問題8　解答

ア ✕　①，②損害賠償請求権と差止請求権の併用
差止請求権が認められることにより将来の侵害は阻止できますが，それだけでは不十分です。過去の侵害については損害賠償請求権によって対処できます。それぞれがお互いの請求を妨げるものではありません。

イ ○　③信用回復措置請求権
侵害者の粗悪品によって，意匠権者の業務上の信頼が害された場合は，謝罪広告の掲載等の措置を求めることができます（意匠法41条準用特許法106条）。

ウ ✕　①専用実施権者による差止請求権
専用実施権者にも意匠権者と同じように差止請求権が認められています（意匠法37条1項）。

正解　イ

➕ プラスの枝　解答

1 ○　①秘密意匠に関する差止請求権
登録意匠が秘密意匠の場合は，侵害者に対し登録意匠の内容を提示して警告した後でなければ差止請求できません（意匠法37条3項）。秘密意匠は内容が公開されないため，いきなり差止請求を認めてしまうと，侵害者に酷だからです。

2 ✕　故意又は過失の要件は不要
差止請求の際には，侵害者に侵害についての故意又は過失があることは要件ではありません。

3 ○　④不当利得返還請求権
損害賠償請求権が時効で請求できない場合等に，侵害者に対して不当な利益の返還を請求できる不当利得返還請求権を活用できます。

4 ✕　刑事上の制裁措置
意匠権を侵害した者は10年以下の懲役もしくは1000万円以下の罰金に処し，又はこれを併科すると規定されています（意匠法69条）。したがって，意匠権を侵害されたときには民事上の救済だけでなく，刑事上の制裁を受けさせることもできます。

基本の知識を チェック！

次の文章は，正しいか，誤っているか。

1 独立して取引の対象にならない物品の部分については，意匠法で保護を受けることができない。

2 製品のデザインは，意匠法で保護するしかなく，他の法律で保護することはできない。

3 意匠登録出願前に公知になった意匠でも，意匠登録を受けることができる場合がある。

4 意匠登録出願の日から1年6カ月経過すると，原則としてすべての出願が公開される。

5 意匠法には，意匠登録を受けるために，出願日から3年以内に出願審査を請求する制度はない。

6 意匠権の存続期間は，意匠登録出願日から20年をもって終了する。

7 意匠権の存続期間は，申請により更新して延長できる場合がある。

8 意匠権の設定登録の日から2年を限度として，登録意匠の内容を秘密にできる。

9 意匠権の効力は，物品が類似で，形状等が類似の意匠まで及ぶ。

10 意匠登録出願が拒絶査定された場合，拒絶査定不服審判を請求できる。

意匠法

Part 2

解答と解説

✖ 物品には物品の部分が含まれており，部分意匠として保護を受けることができます。

✖ 意匠法の保護対象に該当するものの中には，特許権，商標権又は著作権の対象になり得るものがあります。また，著名な製品デザインであれば，不正競争防止法で保護される可能性もあります。

⭕ 公知になった日から1年以内であれば，新規性喪失の例外規定の適用により，登録を受けることができる場合があります。

✖ 意匠法には，特許法のような出願公開制度は規定されていません。

⭕ 意匠法には，特許法のように出願審査請求制度はありません。

✖ 意匠権の存続期間は，意匠権の意匠登録出願の日から25年をもって終了します。

✖ 意匠法では，商標法と異なり，存続期間の更新はできません。

✖ 登録意匠の内容は，設定登録の日から3年を限度として秘密にすることが可能です。

⭕ 意匠権の効力は，物品が同一又は類似で，形状等が同一又は類似している意匠まで及びます。

⭕ 出願人は，拒絶査定に不服があるときは，拒絶査定不服審判を請求することができます（意匠法46条1項）。

過去問に チャレンジ！

問1   19-11-15

ア～ウを比較して，意匠権等に関して，最も**不適切**と考えられるものはどれか。

ア　意匠権の存続期間はその設定登録の日から15年をもって終了する。
イ　登録意匠に類似する意匠について専用実施権を設定できる。
ウ　意匠登録出願前からその出願に係る意匠を知らないで自ら創作して実施
　　している者に先使用権が認められる場合がある。

問2   19-7-26

ア～ウを比較して，意匠登録を受けることができる意匠に該当するものとして，
最も適切と考えられるものはどれか。

ア　他人の業務に係る物品と混同を生ずるおそれがある意匠
イ　意匠登録出願前に外国において公然知られた意匠に類似する意匠
ウ　意匠登録出願後に日本国内において頒布された刊行物に記載された意匠

問3   21-3-12

ア～ウを比較して，意匠法に関して，最も適切と考えられるものはどれか。

ア　意匠権の存続期間は，意匠権の設定登録の日から10年である。
イ　独立して取引の対象とはならない物品の部分について，意匠登録出願を
　　することができる。
ウ　意匠登録出願について審査を受けるためには，意匠登録出願の日から3
　　年以内に出願審査請求をしなければならない。

意匠法

正解　ア

- ア　✗　意匠権の存続期間は，意匠登録出願の日から25年をもって終了します（意匠法21条1項）。
- イ　○　意匠権者は登録意匠及び登録意匠に類似する意匠について専用実施権を設定できます（意匠法27条1項）。
- ウ　○　意匠登録出願前からその出願に係る意匠を知らないで自ら創作して実施している者に先使用権が認められる場合があります（意匠法29条）。

正解　ウ

- ア　✗　他人の業務に係る物品と混同を生ずるおそれがある意匠は意匠登録を受けることができません（意匠法5条2号）。
- イ　✗　意匠登録出願前に外国において公然知られた意匠に類似する意匠は，新規性がなく意匠登録を受けることができません（意匠法3条1項3号）。
- ウ　○　意匠登録出願後に公知となった場合には，新規性は失われませんので，意匠登録を受けることができます。

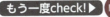

正解　イ

- ア　✗　意匠権の存続期間は，意匠登録出願の日から25年です（意匠法21条1項）。
- イ　○　独立して取引の対象とはならない物品の部分について，部分意匠として意匠登録出願することができます（意匠法2条1項かっこ書）。
- ウ　✗　意匠法には出願審査請求制度はありません。

過去問に チャレンジ！

問4 `20-11-8`

ア～ウを比較して，意匠権に関して，最も適切と考えられるものはどれか。

ア　意匠権の存続期間は，設定登録の日から25年で終了する。

イ　秘密意匠の意匠権の秘密期間は，意匠公報発行の日から3年以内の期間を指定して請求した期間となる。

ウ　意匠権は，登録査定を受けた後，第1年分の登録料を納付し設定登録がなされると発生する。

問5 `19-7-16`

ア～ウを比較して，意匠法に定める登録料に関して，最も**不適切**と考えられるものはどれか。

ア　第2年目分以降の登録料の納付期限が経過した後でも6カ月以内であれば追納することができる。

イ　登録後第2年目分以降も意匠権を維持するためには，前年以前に，法に定められた登録料を納付する必要がある。

ウ　意匠権が国と国以外の者との共有に係る場合であって，国以外の者の持分の割合が50％以上であるときは，国以外の者が全額の登録料を納付する。

意匠法

> 正解　ウ

ア　✗　意匠権の存続期間は，意匠登録出願の日から25年です（意匠法21条1項）。意匠権の設定登録の日からではありません。
イ　✗　秘密意匠の意匠権の秘密期間は，設定登録の日から3年以内の期間を指定して請求した期間です（意匠法14条1項）。意匠公報発行の日からではありません。
ウ　○　意匠権は，登録査定を受けた後，第1年分の登録料を納付した場合，設定登録されて発生します（意匠法20条1項、2項）。

> 正解　ウ

ア　○　第2年目分以降の登録料の納付期限が経過した後でも6カ月以内であれば追納することができます（意匠法44条1項）。
イ　○　登録後2年目以降も意匠権を維持するためには，前年以前に，法に定められた登録料を納付する必要があります（意匠法43条2項）。
ウ　✗　意匠権が国と国以外の者との共有に係る場合，国以外の者は，その持分の割合を乗じて得た額の登録料を納付する必要があります（意匠法42条3項）。持分が50％以上であっても，登録料を全額納付する必要はありません。

過去問に チャレンジ！

問6　　　　　　　　　　　　　　　　　17-7-24

ア〜ウを比較して，意匠法に規定されている制度に関して，最も<u>不適切</u>と考えられるものはどれか。

　ア　関連意匠制度
　イ　出願公開制度
　ウ　秘密意匠制度

問7　　　　　　　　　　　　　　　　　21-3-17

ア〜ウを比較して，意匠法上の実施権等に関して，最も<u>不適切</u>と考えられるものはどれか。

　ア　意匠権者は，登録意匠に類似する意匠について，専用実施権を設定することができる。
　イ　意匠権者は，重複する範囲について複数人に，通常実施権を許諾することができない。
　ウ　意匠権が共有に係る場合，他の共有者の同意がなければ譲渡することができない。

意匠法

正解　イ

- ア ○ 関連意匠制度は意匠法に規定されている制度です（意匠法10条）。
- イ ✗ 意匠法では出願公開制度を採用していませんので，設定登録され，意匠公報が発行されるまで公開されません。
- ウ ○ 秘密意匠制度は意匠法に規定されている制度です（意匠法14条）。

正解　イ

- ア ○ 意匠権者は，登録意匠や登録意匠に類似する意匠について，専用実施権を設定することができます。
- イ ✗ 通常実施権であれば重複する範囲について複数人に許諾することができます。一方，専用実施権は重複する範囲について複数人に設定することはできません。
- ウ ○ 意匠権が共有に係る場合，他の共有者の同意がなければ譲渡することができません（意匠法36条準用特許法73条1項）。

95

Part3

商標法

Introduction

人気のある商品のロゴマークを自社の商品にも付けてしまおう！　これでは，消費者はどの商品が正しいブランドの商品なのかわかりません。これらを保護し，事業者の信頼と消費者の安心を守るための制度が「商標制度」です。Part 3 では，「商標」の種類や機能について，しっかりと確認しておきましょう。

問題 1
19-3-2

ア〜ウを比較して，商標法の保護対象として，最も下適切と考えられるものはどれか。

- ア 文字のみからなるもの
- イ 香りのみからなるもの
- ウ 色彩のみからなるもの

 プラスの枝

商標法の保護対象となり得るものとして適切なものに○をしなさい

1 味覚　　2 動物　　3 サービスマーク
4 アイデアに化体した業務上の信用　　5 国旗

テーマ解説 商標法の保護対象

商標は，業として商品やサービスを提供する業者が使用することで，その業者の業務上の信用を維持するものです。したがって，商標は提供する商品やサービスに使用できるものでなければなりません。
そのため，商標とは，人の知覚によって認識することができるもののうち，①文字，図形，記号，②立体的形状，③もしくは色彩又は，④これらの結合，⑤音その他政令で定めるもの（商標法2条1項柱書），であると定義されています。
前記の①〜③に当てはまらないものは商標法の保護対象となり得ません。

商標法

問題1 解答

ア ○ 記号の商標
文字のみからなる商標は，商標法の保護対象となります（商標法2条1項柱書）。

イ ✗ 香りの商標
香りについては，日本では商標法の保護対象ではありません。

ウ ○ 色彩のみからなる商標
色彩のみからなる商標は，商標法の保護対象となります（商標法2条1項柱書）。

正解 イ

プラスの枝 解答

1 ✗ 商標の保護対象としては不適切
味覚は，商標法の保護対象にはなりません。

2 ✗ 商標の保護対象としては不適切
動物自体は，商標法の保護対象にはなりません。なお，動物を絵や記号等で表したものについては保護対象となる場合があります。

3 ○ サービスマーク
サービスマークとは，あるサービス（役務）に対して用いられるマークで，商標法2条1項2号に「業として役務を提供し，又は証明するものがその役務について使用するもの」と規定されており，商標法の保護対象となります。

4 ✗ 商品に化体した業務上の信用
商標法における保護対象とは，実質的には商標に化体した業務上の信用をいうものと解され，アイデアに化体されたものではありません。

5 ✗ 不登録事由
国旗は図形に該当しますが，日本や外国の国旗とこれに類似するものは商標登録を受けることができないと定められています（商標法4条1項1号）。

問題 2 予想問題

ア～ウを比較して，商標の機能について，最も下線_不適切_と考えられるものはどれか。

- ア 商標を付した自己の商品又は役務を，他人の商品等と識別する機能。
- イ 同一の商標を付した商品又は役務は，同一の品質を有することを示す機能。
- ウ 商標を付した商品又は役務は，技術やサービスのレベルが高いことを示す機能。

 プラスの枝

商標の機能として適切なものに○をしなさい

1. 同一の商標を付した商品又は役務は，常に同一の出所から提供されたものであることを示す機能。
2. 商標を付した商品又は役務は，著名であることを示す機能。
3. 商標を付した商品又は役務は，特許権を取得していることを示す機能。
4. 商標を付した商品又は役務の広告・宣伝効果を高める機能。

テーマ解説 商標の機能

商標の機能とは，商取引における商標の作用・効果，又は役割のことです。商標は，自己の商品又は役務（サービス）と他人の商品等を区別するために用いられる標識です。例えば，自社の家電製品と他社の家電製品を区別するための標識として商標が使用されます。商標の使用によって，自他商品等の識別機能が働き，その商標に業務上の信用が備わっていくという作用・効果がもたらされます。

商標には，この識別機能を基本として，この他に出所表示機能，品質保証機能，広告的機能，の合わせて4つの機能が備わっています。

商標法

問題2　解答

ア ○ **自他商品（役務）識別機能**
商標は，自己の商品やサービスと，他人のそれとを識別する働きがあります。商標の本質的な機能です。

イ ○ **品質保証機能**
商品やサービスに同一の商標を継続して使用されると，需要者はその商標を見るだけで過去の経験から品質の判断が容易にできます。

ウ ✕ **商標の機能として不適切**
商標は，技術やサービスの高さを何ら保証するものではありません。技術の高低，サービスのよし悪しではなく，全国どこの地でも同一の質を有していることを示しています。

正解　ウ　　　テキスト Part3 テーマ②

➕ プラスの枝　解答

1 ○ **出所表示機能**
同一の商標を付した商品やサービスは，一定の会社が提供していることを示すので，需要者は，その商標が使用されている商品やサービスは同じ会社が提供していると認識できるようになります。

2 ✕ **商標の機能として不適切**
商標が付されているからといって，必ずしもそれが著名であるとは限りません。また，商標を付すために，それが著名である必要もありません。

3 ✕ **商標の機能として不適切**
商標制度と特許制度は目的も保護対象も全く異なるものです。したがって，商標を付していても，それが特許権を取得していることを示すものではありません。

4 ○ **宣伝・広告的機能**
マスコミ等を通じて商標を周知させたり，商標の好感度を向上させるような宣伝・広告を行うことで，需要者が商品を購入するとき，又はサービスを受けるときに，その商標を目印にして選択するよう促すことができます。

問題 3   18-11-24

ア〜ウを比較して，商標登録出願に関して，最も不適切と考えられるものはどれか。

- ア 先に出願した自己の登録商標に類似する商標について，商標登録を受けることができる。
- イ 商品の普通名称は，いかなる方法で表示した場合でも，商標登録を受けることができない。
- ウ 地理的表示法に基づいて登録された名称であっても，商標登録を受けることができる。

プラスの枝

適切なものに○をしなさい

1. 極めて簡単で，ありふれた図形のみからなる商標であっても商標登録を受けることができる。
2. 他人の氏名は，その人の承諾を得なければ，商標登録を受けることができない。
3. 外国の国旗は商標登録を受けることができない。
4. 出願に係る商標は，先願に係る他人の登録商標とは非類似だが，指定商品が同一である商標は，商標登録を受けることができない。

テーマ解説　登録要件

商標権は商標登録出願を行い，特許庁にて登録要件に適合するか等の審査がなされた後に商標権が付与されます。

問題3　解答

ア　○　**自己の登録商標に類似の商標**

他人の先願先登録商標に類似する商標については商標登録を受けることができませんが，自己の先願先登録商標に類似する場合には商標登録を受けることができます。

イ ✗ 普通名称
商品の普通名称については，普通に用いられる方法で表示した場合には商標登録を受けることができませんが，書体や全体の構成等が特殊な態様となるように表示した場合には，商標登録を受けられる可能性があります。

ウ ○ 地理的表示
地理的表示法に基づいて登録された名称であっても，商標登録を受けることができます。

プラスの枝　解答

1 ✗ 識別力のない商標
例えば○，×，△のような極めて簡単で，ありふれた図形のみからなる商標は商標登録を受けることができません（商標法3条1項5号）。

2 ○ 不登録事由
他人の肖像又は他人の氏名もしくは名称もしくは著名な雅号，芸名もしくは筆名もしくはこれらの著名な略称を含む商標は商標登録を受けることができません（商標法4条1項8号）。このように，氏名だけでなく著名な肖像や芸名やペンネーム等も商標登録を受けることができません。なお，承諾があれば，登録を受けられる可能性があります。

3 ○ 不登録事由
国旗，菊花紋章，勲章，褒章又は外国の国旗と同一又は類似の商標は商標登録を受けることができません（商標法4条1項1号）。この他にも，赤十字や国際連合を表示する標章も商標登録を受けることができません。

4 ✗ 類似の判断
出願した商標が，先願に係る他人の登録商標と同一又は類似であって，指定商品（指定役務）が同一又は類似である場合は登録を受けることができません（商標法4条1項11号）。したがって，出願した商標が非類似であれば，商標登録を受けられる可能性があります。

問題 4 18-11-19

ア～ウを比較して，商標法に規定されている制度，権利として，最も不適切と考えられるものはどれか。

ア　出願公開制度
イ　専用使用権
ウ　出願審査請求制度

 プラスの枝

適切なものに○をしなさい

1　商標権の更新登録申請が認められるためには，その際の商標の使用が条件である。
2　誰でも，商標登録出願されているものに対して商標権が付与される前に，異議を申立てることができる。
3　団体商標は，個人でも商標登録を受けることができる。
4　防護標章制度とは，著名な登録商標を保護することが目的である。

テーマ解説　商標法の制度

特許法，実用新案法，意匠法の3法が，人間の創造的活動の成果である「創作」を保護することを目的とするのに対して，商標法は，商標を使用する者の業務上の信用の維持と需要者の利益の両面保護を図ることを目的としています（商標法1条）。このように目的が大きく違うため，商標制度の仕組みは，上記の3つの制度といろいろな点で異なっており，商標法特有の制度や，他の法律の制度と比べて若干異なる性質のものがいくつか存在します。それぞれの特徴をしっかりと整理しておきましょう。

商標法

問題4　解答

ア ○ 出願公開制度
出願公開制度は，商標法に規定されている制度です（商標法12条の2）。ただし，特許法と異なり，公開時期までは規定されていません。

イ ○ 専用使用権
専用使用権は，商標法に規定されている制度です（商標法30条）。

ウ ✗ 出願審査請求制度
商標法では出願審査請求制度は規定されていません。

正解　ウ

➕ プラスの枝　解答

1 ✗ 更新登録制度
更新の登録をする際は，登録料の納付は必要ですが（商標法23条），その際の商標の使用は必要ではありません。

2 ✗ 登録異議申立て制度
登録異議申立ては誰でもできますが，異議申立てができる時期は商標権付与後になります。具体的には商標掲載公報発行の日から2カ月以内です（商標法43条の2）。

3 ✗ 団体商標制度
団体商標とは，事業者を構成員に有する団体が，その構成員に使用させる商標をいいます。団体商標の商標登録を受けることができるのは，一般社団法人，事業協同組合等に限られ，個人ではできません（商標法7条1項）。

4 ○ 防護標章制度
登録商標が著名になると，関係のない第三者がそのネームバリューにただ乗りして，全く違う商品に利用するケースが増えるおそれがあります。それを防ぐために，著名な登録商標については防護標章の登録を受けることにより，同一の商標を他人が非類似商品や役務に使用することを禁止することができます（商標法64条）。

問題 5　19-7-22

ア〜ウを比較して，商標権の発生と効力に関して，最も適切と考えられるものはどれか。

　ア　商標権は，登録査定の謄本が送達された日に発生する。
　イ　商標権者は，指定商品若しくは指定役務についての登録商標に類似する商標の使用又は指定商品若しくは指定役務に類似する商品若しくは役務についての登録商標若しくはこれに類似する商標の使用をする権利を専有しない。
　ウ　商標権者は，その商標権を侵害した者に対して差止請求等の民事的措置をとることができるが，その侵害者が刑事罰を科されることはない。

 プラスの枝

適切なものに○をしなさい
1　商標権の効力は，その指定商品について慣用されている商標には及ばない。
2　商標権は，商標の使用により初めて権利が発生する。
3　商標権者は，他人に専用使用権を設定した範囲ではその登録商標を使用できない。
4　商標登録されると，例えその後に登録商標が普通名称化したとしても，他人の使用に対して商標権の効力が及ぶ。

テーマ解説　商標権の発生及び効力

特許庁に商標登録出願をし，審査を経て登録査定となった後，登録料を納付すると，商標登録原簿に設定の登録がなされ，商標権が発生します（商標法18条1項）。ただし，自らその商標を使用する意思がない場合は，原則として商標登録を受けることができません。商標は使用することでその保護価値が生まれます。
商標権は独占排他的な権利ですが，一定の範囲で，効力の及ばない範囲が規定されており，その範囲では第三者は商標権者の許諾なく使用することができます。具体的には①商品・役務の普通名称，②商品・役務について慣用されている商標，③商品の単なる品質表示，産地表示，役務の内容や質の表示等，④自己の氏名や名称等，これらを普通に表示するものに対しては，商標権の効力は及びません（商標法26条1項各号）。

問題5　解答

ア　✗　**商標権の発生**
商標権は設定の登録により発生します（商標法18条1項）。登録査定の謄本が送達された日に発生するわけではありません。

イ　○　**禁止権**
商標権者は，禁止権の範囲については他人の使用を禁止する権利のみを有しており，自分が独占的に使用できる権利を専有していません。

ウ　✗　**刑事罰**
商標権者は，その商標権を侵害した者に対して差止請求等の民事的措置をとることができますし，その侵害者に刑事罰が科されることもあります。

正解　イ

プラスの枝　解答

1　○　**商標権の効力の制限，慣用商標**
慣用商標とは，弁当の「幕の内」，チケット予約の「プレイガイド」のように，不特定多数の同業者に長年使用されることにより識別力を失った商標のことです。同業者の取引上不可欠な表示の使用を確保するため，指定商品について使用されている慣用商標には商標権の効力は及びません（商標法26条1項4号）。

2　✗　**登録主義**
日本では，特許庁に対し出願をし，登録して権利が発生する登録主義を採用しています。登録主義は，権利の帰属関係が明確になるため，権利存在の証明が容易にできる等のメリットがあります。

3　○　**専用使用権設定の場合の制限**
商標権者といえども，他人に専用使用権を設定した範囲では専用権を失い，その登録商標を使用できません（商標法25条ただし書，30条）。

4　✗　**商標権の効力の制限，登録商標の普通名称化**
登録商標の管理を怠ると，商標としての機能が失われ，商標が普通名称化するおそれがあります。普通名称化すると商標権の効力はなくなり，第三者による無断利用を排除できません。

問題 6 20-11-26

ア～ウを比較して，商標権に関して，最も適切と考えられるものはどれか。

ア 商標権の設定登録後１年を経過する前であっても，登録商標の不正使用を理由とする不正使用取消審判を請求することができる。

イ 商標権は，その一部の指定商品を分割して他人に移転することはできない。

ウ 自己の商標権に係る禁止権と他人の商標権に係る禁止権とが重複する範囲について，当該他人は登録商標を使用することができる。

プラスの枝

商標権者の行為として適切なものに○をしなさい

1 登録商標と同一の商標を指定商品と類似しない商品に使用する者に対して，商標権侵害の差止めを請求する訴訟を提起する。

2 登録商標と類似する商標を指定商品と同一の商品に使用する者に対して，商標権侵害の損害賠償を請求する訴訟を提起する。

3 登録商標と同一の商標を指定商品と同一の商品に使用している者に対して，商標権侵害を主張する警告状を送付する。

4 登録商標と類似しない商標を指定商品と同一の商品に使用する者に対して，商標権侵害の差止めを請求する訴訟を提起する。

テーマ解説 専用権と禁止権

商標権には専用権と禁止権の２つの権利があります。専用権とは，指定商品又は役務について登録商標を独占的に使用する権利です。禁止権とは，他人が自己の登録商標に類似する範囲の商標の使用を禁止する権利です。専用権と禁止権の範囲は図で表すと，次のようになります。専用権の周りを禁止権がガードし，類似範囲の使用まで効力が及びます。

商標法

商標＼商品・役務	同 一	類 似	非類似
同 一	①専用権	②禁止権	⑦ ×
類 似	③禁止権	④禁止権	⑧ ×
非類似	⑤ ×	⑥ ×	⑨ ×

①～④の範囲が商標権侵害行為に該当し，商標権者は侵害者に対して権利行使できます。

問題6 解答

ア ◯ 不正使用取消審判
不正使用取消審判は，登録商標を不正に使用していれば請求することができますので，商標権の設定登録後1年を経過する前であってもすることができます（商標法51条）。

イ ✗ 分割移転
商標権は，その指定商品の一部を分割して他人に移転することができます（商標法24条の2）。

ウ ✗ 禁止権
自己の商標権の禁止権と，他人の商標権の禁止権が重複している場合，その範囲については，誰も使用することができません。

正解 ア

テキスト Part3 テーマ⑦

➕ プラスの枝　解答

1 ✗ 専用権，禁止権の範囲外
商標の使用は図の⑦の範囲に該当し，専用権，禁止権の範囲に含まれないので，商標権侵害の差止めを請求する訴訟を提起できません。

2 ◯ 禁止権の範囲
商標の使用は図の③の範囲に該当し，禁止権の範囲に含まれるので，商標権侵害の損害賠償を請求する訴訟を提起できます。

3 ◯ 専用権の範囲
商標の使用は図の①の範囲に該当し，専用権の範囲に含まれるので，商標権侵害を主張する警告状を送付できます。

4 ✗ 専用権，禁止権の範囲外
商標の使用は図の⑤の範囲に該当し，専用権，禁止権の範囲に含まれないので，商標権侵害の差止めを請求する訴訟を提起できません。

ア～ウを比較して，商標登録を受けるための手続に関して，最も適切と考えられるものはどれか。

- ア 商標登録出願の審査において拒絶理由通知を受けた場合，商標登録出願を意匠登録出願へと変更することができる。
- イ 商標登録出願の審査において拒絶理由通知を受けた場合，商標の図形や文字を変更する補正をすることができる。
- ウ 商標登録出願の審査を受けるにあたり，出願審査請求は必要とされていない。

 プラスの枝

適切なものに○をしなさい

1 商標登録出願の審査において拒絶理由通知がされたときは，その出願に係る指定商品の範囲を変更することができる。
2 出願人が手続補完を行った場合，手続補完書を提出した日が出願日となる。
3 出願人は，商標登録出願に2以上の商標が含まれている場合に，商標毎に分割し，新たな商標登録出願をすることができる。
4 通常の商標登録出願を団体商標へ出願変更した場合，出願変更をした日が出願日とみなされる。

 商標登録出願の審査又は手続

拒絶理由通知を受けた際に，出願人は手続補正書，意見書で対応することは特許法や意匠法と同じです。補正は要旨変更とならない範囲で認められます。「指定役務・指定商品の範囲の減縮」は要旨変更とはなりませんが，「指定役務・指定商品の範囲の変更・拡大」「商標の補正」は要旨変更となります。
手続の補完は，商標法特有の手続です。商標登録出願に不可欠な基本事項をすべてそろえて，手続補完書を提出した日が出願日と認定されます。一方，分割出願や出願変更は，出願時がもとの出願時に遡及することに注意しましょう。

商標法

問題7　解答

ア ✗ 出願変更
商標登録出願を意匠登録出願に変更することはできません。

イ ✗ 要旨変更
商標の図形や文字を変更する補正は，要旨変更となり補正が却下されます（商標法16条の2）。

ウ ◯ 出願審査請求
商標法では出願審査請求制度は採用されていませんので，このような手続をしなくても実体審査を受けることができます。

正解　ウ

プラスの枝　解答

1 ✗ 要旨変更は不可
指定商品，指定役務の範囲を変更・拡大することは要旨変更となり，認められません（商標審査基準）。なお，指定商品，指定役務の範囲を減縮する補正は認められます。

2 ◯ 手続補完
商標登録出願に商標の記載等の基本事項が欠けている場合，出願人に対して特許庁長官から補完命令が下されます。この場合は手続補完書を提出した日が，出願日として認定されます（商標法5条の2第4項）。手続補正書と混同しないよう注意してください。

3 ✗ 分割出願
分割出願とは，商標登録出願に2以上の指定商品（指定役務）が含まれている場合に，指定商品（指定役務）毎に新たな商標登録出願をすることです（商標法10条）。商標そのものの分割は，要旨変更となり認められません。

4 ✗ 出願変更の出願日は遡及する
出願変更とは，出願内容の同一性を維持しつつ，その出願形式を変更することです（商標法11条）。変更された出願は，もとの出願のときにしたものとみなされます。

問題 8
18-7-20

ア～ウを比較して，商標権の効力と商標権の侵害に対する救済に関して，最も不適切と考えられるものはどれか。

ア 商標権者が，商標法上独占的に登録商標を使用できる範囲は，指定商品又は指定役務における登録商標の使用に限られる。
イ 商標権は，権利が存続している間であれば，専用権及び禁止権の範囲について，効力が及ばなくなることはない。
ウ 商標権が侵害されたときには，商標権者には，損害賠償請求，差止請求が認められる。

プラスの枝

適切なものに○をしなさい

1 商標権が侵害された場合，商標権者には信用回復措置請求権が認められる。
2 商標権が侵害された場合，商標権者には不当利得返還請求権が認められる。
3 他人の商標登録に係る出願日よりも前に，日本国内で自己の商標を使用していれば，必ず先使用権が認められる。
4 他人の登録商標と同一の商標だが，その登録商標の指定商品と全く類似しない商品に使用している場合は，その商標登録に係る商標権を侵害しない。

テーマ解説 商標権の侵害と救済措置

商標権は，「業務上の信用」を保護しています。つまり，他人が勝手に登録商標を使用した商品を作って売っていたとすれば，それは商標権者の信用を貶めることになります。そのような侵害行為があった場合には国がこれを救済し，保護してくれます。
民事上では，特許法と同じく①差止請求権，②損害賠償請求権，③信用回復措置請求権，④不当利得返還請求権，の４つが認められています。

商標法

問題8　解答

ア ○ **専用権**
商標権者が独占的に登録商標を使用することができるのは，指定商品又は指定役務における登録商標の使用に限られます。これは，いわゆる専用権の範囲です。禁止権の範囲は，他人の使用を禁止することのみができ，自ら独占的に使用できるわけではありません。

イ ✕ **登録商標の普通名称化**
商標権が存続していても，登録商標が多数の者に使用された結果，その商品等を示す一般的な名称として認識されるようになった場合には，商標権の効力が及ばなくなります。

ウ ○ **民事的救済**
商標権が侵害された場合には，損害賠償請求や差止請求が認められます。また，これらの他にも，不当利得返還請求も認められる場合があります。

＋　プラスの枝　解答

1 ○ **③信用回復措置請求権**
故意又は過失によって商標権が侵害され，業務上の信用が失われた場合には，侵害者に対して信用を回復する措置を請求することができます（商標法39条準用特許法106条）。

2 ○ **④不当利得返還請求権**
商標権の侵害があった場合には，不当利得返還請求権を請求することができます。

3 ✕ **先使用権の成立要件**
他人の商標登録出願前から商標を使用しているだけでは先使用権は認められません。その商標登録出願の際に現にその商標が自己の業務に係る商品（役務）を表示するものとして需要者の間に広く認識されて初めて，先使用権が認められます（商標法32条）。

4 ○ **侵害とみなす行為には該当しない**
登録商標と類似範囲の商標の使用は商標権の侵害とみなされます（商標法37条1号）。このケースでは，商標が同一ですが，指定商品が非類似ですので，侵害とはなりません。

113

問題 9 19-3-14

ア〜ウを比較して，商標権に関して，最も適切と考えられるものはどれか。

- ア 商標権は，他人に譲渡することができるが，指定商品又は指定役務毎に分割して移転することはできない。
- イ 日本国内で3年以上登録商標を指定商品等について使用していない場合，不使用取消審判が請求され商標登録が取り消される可能性がある。
- ウ 商標権は，商標登録出願の日から10年後に消滅するのが原則であるが，更新登録によって更に10年間存続させることができる。

プラスの枝

適切なものに○をしなさい

1. 商標権の存続期間は，一度更新の申請を行えば，その後は自動的に存続期間の更新が行われる。
2. 例え通常使用権者が登録商標を使用していたとしても，商標権者が登録商標を使用していない場合は，その登録商標が取り消される場合がある。
3. 更新登録の申請をせずに更新登録の申請期間を過ぎてしまったときは，いかなる場合でも商標権は消滅する。

商標権の管理

商標法は，商標を保護することで商標を使用する者の業務上の信用の維持を図り，産業の発達に寄与し，あわせて需要者の利益を保護をすることを目的としています（商標法1条）。商標権は設定登録の日から10年間が存続期間となります（商標法19条1項）。しかし，商標は，長く使用することで信用を維持したり，需要者に出所を明らかにするという性質があるため，特許や意匠と異なり，権利存続期間の更新をすることができます（商標法19条2項）。更新登録の申請は，商標権の存続期間の満了前6カ月から満了日まで行うことができます。また，商標は使用されることを前提としているため，一定期間使用されていない登録商標は不使用取消審判によって取り消される場合があります（商標法50条1項）。

商標法

問題9　解答

ア　✗　**分割移転**
商標権を他人に譲渡する場合，その商標権に係る指定商品又は指定役務が複数あれば，指定商品又は指定役務毎に分割して移転することができます（商標法24条の2）。

イ　○　**不使用取消審判**
日本国内で3年以上登録商標を指定商品等について使用していない場合，不使用取消審判が請求され商標登録が取り消される可能性があります（商標法50条）。

ウ　✗　**更新登録**
商標権の存続期間は，設定登録から10年間ですが，更新登録によって更に10年間存続させることができます（商標法19条2項）。

プラスの枝　解答

1　✗　**商標権の更新**
商標権の更新の申請は，その都度申請を行わなければなりません。自動的に権利の存続期間が更新されることはありません。

2　✗　**商標の使用，不使用取消審判**
継続して3年以上日本国内において商標権者，専用使用権者又は通常使用権者のいずれかが指定商品又は指定役務のいずれかについて登録商標の使用をしている場合は取り消されません。

3　✗　**商標権の消滅と回復**
商標権者は決められた期間内に更新登録の申請をすることができない場合は，その期間が経過した後でも，その期間の経過後6カ月以内であれば更新登録の申請をすることができます（商標法20条3項）。
ただし，更新期間が経過した後に更新登録の申請を行う場合は，更新に必要な登録料の他に，この登録料と同額の割増登録料を納める必要があります（商標法43条1項）。つまり，正規の金額の倍額を納めなければなりません。

問題 10 予想問題

ア～ウを比較して，不使用取消審判に関して，最も適切と考えられるものはどれか。

- ア　不使用取消審判は，利害関係人のみ請求できる。
- イ　不使用取消審判で商標権が消滅しても，その商標権は初めから存在しなかったものとみなされるわけではない。
- ウ　不使用取消審判とは継続して5年以上使用していない商標について取り消すよう請求することができる制度である。

プラスの枝

適切なものに○をしなさい

1. 商標権者は，登録に係る指定商品と類似する指定商品について登録商標を使用していれば，不使用による取り消しを免れる。
2. 不使用による取り消しを免れるためには，商標権者は必ず，登録商標と同一の商標を使用していなければならない。
3. 商標権者が継続して3年以上日本国内で登録商標を使用していない場合でも，専用使用権者又は通常使用権者が，登録に係る指定商品について登録商標を使用していれば，不使用による取り消しを免れることができる。

テーマ解説　不使用取消審判

長い期間，全く使っていない商標は，商標としての機能を果たしていません。また，業務上の信用も発生していないため，保護する必要性は低いといえます。むしろ，その商標の使用を希望する者に選択の余地を与え，使用できる機会を与えることの方が望ましいでしょう。

そこで，商標権者，専用使用権者又は通常使用権者のいずれもが継続して3年以上，日本国内で登録商標を指定商品（指定役務）に使用していないとき，何人もその登録の取り消しを求めることができる審判として，不使用取消審判が規定されています（商標法50条1項）。なお，不使用取消審判で消滅した商標権は，その審判の請求の登録の日に消滅します（商標法54条2項）。初めから存在しなかったものとみなされるわけではないことに注意です。

問題10　解答

ア ✗ 不使用取消審判の請求人
使用されない登録商標に対して，一定期間独占権を与えることは，国民一般の利益を不当に侵害し，またその商標の使用を希望する者から，選択の余地を奪うといった弊害を抑制する目的から，誰でも請求できます（商標法50条1項）。

イ ○ 取消効果の遡及
不使用取消審判で商標登録を取り消すべき旨の審決が確定したときは，商標権は，その審判の請求の登録の日に消滅します（商標法54条2項）。

ウ ✗ 不使用取消審判の不使用期間
不使用取消審判とは継続して3年以上使用していない商標について取り消すよう請求することができる制度です（商標法50条1項）。

正解　イ

プラスの枝　解答

1 ✗ 不使用取消審判請求の要件
指定商品（役務）に類似する商品（役務）についての使用や，登録商標に類似する商標の使用のように，類似の範囲の使用では，取り消しを免れることはできません（商標法50条1項）。

2 ✗ 社会通念上同一と認められる商標
社会通念上同一と認められる商標の使用も，登録商標の使用と認められます（商標法50条1項）。

3 ○ 不使用取消審判請求の要件
不使用による取消審判が請求されるのは，継続して3年以上日本国内で商標権者，使用権者のいずれもが登録商標の使用をしていない場合です。

基本の知識を チェック！

次の文章は，正しいか，誤っているか。

1 他人の周知商標と類似であっても，同一でなければ商標登録を受けること
ができる。

2 商標権の存続期間は，商標登録出願の日から10年をもって消滅する。

3 商標権の存続期間は，申請により10年毎に更新することができる。

4 他人の商標登録に係る出願日よりも前から，自己の商標を使用していれば，
先使用権が認められ，当該商標権を使用することができる。

5 日本で商標登録を受けていれば，その商標権は外国でも保護を受けること
ができる。

6 商標登録されていたとしても，その登録商標が普通名称化することで，商
標権の効力が及ばなくなる場合がある。

7 商標登録出願後に審査官から拒絶理由通知書が送達された場合，出願人は
その出願に係る商標を別の商標に変更できる。

8 ありふれた氏又は名称を普通に用いられる方法で表示する標章のみからな
る商標は，商標登録を受けることはできない。

商標法

解答と解説

✗ 他人の周知商標と類似範囲の商標は，商標登録を受けることができない商標として規定されています。

✗ 商標権の存続期間は，設定登録の日から10年をもって消滅します。

○ 商標権の存続期間は，商標権者の更新登録申請により10年毎に更新することができます。

✗ 商標権者がその商標を出願する前から，日本国内で不正競争の目的でなく，同一又は類似の商標を自分が使っており，その結果，その他人の商標登録出願の際に自己の商標が周知になっている場合に限り，先使用権が認められます。

✗ 日本で商標登録を受けていても，その効力は国内にしか及びません。外国で保護を受けるには，各国毎に登録を受けなければなりません。

○ 登録商標が普通名称化すると，商標権の効力が及ばない範囲に該当し，他人の無断使用に対し権利行使できなくなる場合があります。

✗ 商標を別の商標に変更することは完全な要旨変更となり認められません。また，指定商品を類似商品に変更することも認められません（商標審査基準）。

○ ありふれた氏又は名称を普通に用いられる方法で表示する標章のみからなる商標は，自他商品等識別力を有せず，商標登録を受けることはできません（商標法3条1項4号）。

過去問に チャレンジ！

問1　21-3-7

ア～ウを比較して，商標登録を受けられる商標に関して，最も**不適切**と考えられるものはどれか。

ア　先に出願された自己の登録商標と類似する商標について，商標登録を受けることができない。

イ　他人の著名な芸名を含む商標は，その他人の承諾を得れば，商標登録を受けることができる。

ウ　商品の機能を確保するために不可欠な立体的形状のみからなる商標について，商標登録を受けることができない。

問2　19-7-29

ア～ウを比較して，商標等に関して，最も適切と考えられるものはどれか。

ア　商標は，文字，記号，図形などから構成され，立体的形状も商標を構成するが，色彩は商標を構成しないため，立体的形状に色彩を付加した商標については，商標法上の保護対象とはならない。

イ　将来においても自己の業務に係る商品又は役務について使用しないことが明らかな商標については登録を受けることができない。

ウ　地域で育まれた伝統と特性を有する農林水産物や食品を特定できるような名称が付されているものであれば，その名称を地理的表示として国に登録することができる。

120

商標法

正解　ア

ア　✗　先に出願された他人の登録商標と類似する場合には商標登録を受けることはできませんが（商標法4条1項11号），先に出願された自己の登録商標と類似する場合であれば，商標登録を受けることができます。
イ　○　他人の著名な芸名を含む商標については，その他人の承諾を得れば，商標登録を受けることができます（商標法4条1項8号かっこ書）。
ウ　○　商品の機能を確保するために不可欠な立体的形状のみからなる商標について，商標登録を受けることができません（商標法4条1項18号）。

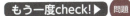

正解　イ

ア　✗　色彩も商標を構成しますので，立体的形状に色彩を付加した商標についても商標法上の保護対象となります（商標法2条1項1号）。
イ　○　商標登録を受けるためには，その商標を自己の業務に係る商品等に実際使用しているか，又は将来，自己の業務に係る商品等に使用する意思が必要となります。そのため，使用しないことが明らかな商標については，登録を受けることができません。
ウ　✗　特定の農林水産物を特定できる名称ではなく，名称から農林水産物等の産地と，その農林水産物等の品質や社会的評価等の確立した特性が当該産地と結び付いているということを特定できる名称について，地理的表示として登録することができます。

過去問に チャレンジ！

問3　　　　　　　　　　　　　　　　　　　　18-7-14

ア～ウを比較して，商標法における審判に関して，最も適切と考えられるものはどれか。

ア　何人も商標登録無効審判を請求することができるが，登録異議の申立ては，利害関係人のみに限られる。

イ　不使用取消審判が請求された場合であっても，継続して3年以上日本国内において商標権者，専用使用権者又は質権者のいずれかが各指定商品についての登録商標の使用をしているときには，その指定商品に係る商標登録は取り消されない。

ウ　拒絶査定を受けた者は，その査定に不服があるときは，拒絶査定不服審判を請求することができる。

問4　　　　　　　　　　　　　　　　　　　　19-7-8

ア～ウを比較して，商標登録出願の審査に関して，最も<u>不適切</u>と考えられるものはどれか。

ア　商標登録出願人に対して拒絶理由通知がされ，意見書を提出したが当該拒絶理由が解消されない場合には拒絶査定がされる。

イ　商標登録出願の審査は，出願人からの出願審査の請求を待って行われる。

ウ　拒絶理由通知への対応として，出願当初の願書に記載されていた指定商品を類似する商品へ変更することは，要旨変更の補正として認められない。

商標法

> 正解　ウ

- ア　✗　登録異議申立ては何人も行うことができますが（商標法43条の2第1項），商標登録無効審判は利害関係人でなければ請求することができません（商標法46条）。
- イ　✗　継続して3年以上日本国内において商標権者，専用使用権者又は通常使用権者のいずれかが各指定商品についての登録商標の使用をしているときは，取り消しを免れます（商標法50条）が，質権者のみが使用していた場合には取り消しは免れません。
- ウ　○　拒絶査定を受けた者は，その査定の謄本の送達日から3カ月以内に拒絶査定不服審判を請求することができます（商標法44条1項）。

> 正解　イ

- ア　○　意見書等を提出しても拒絶理由が解消されない場合には，拒絶査定がなされます。
- イ　✗　商標登録出願では審査請求制度は採用されていません。そのため，出願すれば順次審査が行われます。
- ウ　○　指定商品・指定役務を追加する補正は，要旨変更となるため行うことができません。このような補正を行った場合には，補正却下されます。

過去問に チャレンジ！

問5　20-11-16

ア〜ウを比較して，商標登録出願の審査に関して，最も**不適切**と考えられるものはどれか。

ア　商標を使用する意思を有していなくても商標登録を受けることができる。

イ　商品の品質を表示する文字のみからなる商標を使用し続けた結果，商標登録を受けることができる場合がある。

ウ　商標が使用により需要者の間に広く知られたものとなっていても，商標登録出願の審査を受けなければ商標登録はされない。

問6　18-7-5

ア〜ウを比較して，商標権等に関して，最も**不適切**と考えられるものはどれか。

ア　商標権に係る指定商品又は指定役務が複数ある場合には，指定商品又は指定役務毎に分割して移転することができる。

イ　商標権者は，同一の指定商品について複数の者に対し通常使用権を許諾することができるが，他の通常使用権者の同意が必要となる。

ウ　専用使用権は，指定商品又は指定役務について登録商標を独占排他的に使用することができる権利であり，特許庁に登録しなければ効力を生じない。

商標法

正解　ア

ア　✗　商標を実際に使用しているか，商標を使用する意思を有していなければ商標登録を受けることができません。

イ　○　商品の品質を表示する文字のみからなる商標であっても，使用し続けた結果，識別力を備えた場合には商標登録を受けることができます（商標法3条2項）。

ウ　○　商標が有名になっていたとしても，商標登録出願し，審査を受けなければ商標登録されることはありません。

Part
3

正解　イ

ア　○　商標権に係る指定商品又は指定役務が複数ある場合，指定商品又は指定役務毎に分割して移転することができます（商標法24条の2）。

イ　✗　複数の者に対し通常使用権を許諾する場合，他の通常使用権者に対して同意を得る必要はありません。

ウ　○　専用使用権は，特許庁に登録しなければ効力が発生しません（商標法77条4項）。

過去問に チャレンジ！

問7 　　　　　　　　　　　　　　　　　18-11-10

ア～ウを比較して，商標法の保護対象として，最も**不適切**と考えられるものは
どれか。

　ア　文字と匂いの結合した商標
　イ　記号と立体的形状の結合した商標
　ウ　色彩のみからなる商標

問8 　　　　　　　　　　　　　　　　　21-3-22

ア～ウを比較して，商標登録に対する不使用取消審判に関して，最も**不適切**と
考えられるものはどれか。

　ア　商標権者が登録商標の使用をしていない場合，専用使用権者が登録商標
　　　を指定商品に使用していても，取消しの対象となり得る。
　イ　商標権者が，審判の請求の登録前の3年以内に登録商標に類似する商標
　　　のみを指定商品に使用している場合，取消しの対象となり得る。
　ウ　登録商標を外国においてのみ継続して指定商品に使用している場合，取
　　　消しの対象となり得る。

商標法

| 正解 | ア |

ア ✗ 匂いは商標法の保護対象ではありませんので，文字と匂いの結合した商標は商標法の保護対象となりません。
イ ○ 記号と立体的形状の結合した商標は商標法の保護対象となります。
ウ ○ 色彩のみの商標は商標法の保護対象となります。

もう一度check!▶

| 正解 | ア |

ア ✗ 商標権者が登録商標の使用をしていなくても，専用使用権者や通常使用権者が登録商標を指定商品に使用していれば取り消しの対象にはなりません（商標法50条1項）。
イ ○ 不使用取消審判で取り消しを免れるためには，登録商標を指定商品に使用している必要があります（商標法50条1項）。使用している商標が登録商標に類似する商標である場合には，取り消しの対象となります。
ウ ○ 不使用取消審判で取り消しを免れるためには，日本国内において登録商標を指定商品に使用していることが求められます（商標法50条1項）。外国においてのみ使用している場合には，取り消しの対象となります。

もう一度check!▶

127

過去問に チャレンジ！

問9
20-7-4

ア～ウを比較して，商標法に規定されている制度に関して，最も**不適切**と考えられるものはどれか。

- ア　更新登録申請制度
- イ　延長登録制度
- ウ　登録異議申立制度

問10
19-11-8

ア～ウを比較して，商標登録出願に関して，最も適切と考えられるものはどれか。

- ア　商標登録出願は，出願公開されない。
- イ　審査官は，政令で定める期間内に商標登録出願について拒絶の理由を発見しないときは，商標登録をすべき旨の査定をしなければならない。
- ウ　商標登録出願があったときは，何人も，商標登録出願について出願審査請求をすることができる。出願審査請求をすることができる期間内に出願審査請求がなかったときは，この商標登録出願は，取り下げたものとみなされる。

商標法

正解 イ

ア ◯ 商標法には更新登録申請制度が規定されています（商標法20条）。
イ ✕ 商標法には延長登録制度は規定されていません。
ウ ◯ 商標法には異議申立て制度が規定されています（商標法43条の2）。

正解 イ

ア ✕ 商標登録出願は出願公開されます（商標法12条の2）。ただし，特許出願と異なり公開の時期は規定されていません。
イ ◯ 審査官は，政令で定める期間内に商標登録出願について拒絶の理由を発見しないときは，商標登録をすべき旨の査定をしなければなりません（商標法16条）。
ウ ✕ 商標登録出願では審査請求制度は採用されていません。

過去問に チャレンジ！

問11
20-7-12

ア～ウを比較して，商標法上の使用権に関して，最も適切と考えられるものはどれか。

ア　商標権が共有に係る場合は，専用使用権を設定することができない。

イ　通常使用権は，複数の者に許諾することはできない。

ウ　指定商品が二以上ある場合，指定商品ごとに通常使用権を許諾することができる。

問12
19-11-17

ア～ウを比較して，商標権又は使用権に関して，最も<u>不適切</u>と考えられるものはどれか。

ア　通常使用権は，登録しなくとも，その発生後にその商標権を取得した者に対しても，その効力を有する。

イ　商標権者は，商標権を侵害する者に対して信用回復措置の請求をすることができる。

ウ　専用使用権の設定は，登録しなければその効力を生じない。

商標法

正解　ウ

ア　✖　商標権が共有に係る場合であっても，専用使用権を設定することは可能です。ただし，専用使用権を設定するためには，他の共有者の同意を得る必要があります（商標法35条準用特許法73条３項）。

イ　✖　通常使用権は，複数の者に許諾することができます。

ウ　○　指定商品が２以上ある場合，指定商品毎に通常使用権を許諾することができます。

正解　ア

ア　✖　通常使用権は，登録しなければ転得者（通常使用権発生後に商標権を取得した者）に対抗できません（商標法31条４項）。

イ　○　商標権者は，商標権を侵害する者に対して信用回復措置の請求をすることができます（商標法39条準用特許法106条）。

ウ　○　専用使用権の設定は，登録しなければその効力を生じません（商標法35条準用特許法98条）。

Part 4

著作権法

Introduction

自分の好きな小説を自分の名前で発表してしまおう！　ある音楽家の楽曲を自分の作品として演奏してしまおう！　これでは創作者の名誉や財産的価値が守られません。これらを保護するのが「著作権制度」です。「著作物」とは何か，「著作者人格権」の種類とその特徴は，「著作財産権」と「著作隣接権」はどのように違うかなどを中心にしっかり学習しましょう。

問題 1 18-11-30

ア〜ウを比較して，著作物に関する次の文章の空欄 [1] 〜 [3] に入る語句の組合せとして，最も適切と考えられるものはどれか。

著作物とは，「[1] を [2] に表現したものであって，[3] するもの」であると，著作権法に定義されている。

ア　[1] ＝思想又は感情　　[2] ＝創作的
　　[3] ＝文芸，学術，美術又は音楽の範囲に属
イ　[1] ＝思想又は心情　　[2] ＝独創的
　　[3] ＝文芸，学術，美術又は音楽の範囲に属
ウ　[1] ＝思想又は感情　　[2] ＝独創的
　　[3] ＝文化の発展に寄与

プラスの枝

著作権法の保護対象として適切なものに○をしなさい

1　プログラム言語　　2　俳句　　3　芸術的な建造物
4　キャッチフレーズ　5　漫画　　6　テレビゲーム

テーマ解説　著作権法の保護対象

著作権法で保護されるためには，まず著作物であることが必要です。著作物とは，①「思想又は感情」を，②「創作的」に，③「表現」したものであって，④「文化の範囲」に属するものと定義されています（著作権法2条1項1号）。具体例は，著作権法10条1項の各号に例示されています。

一方で，著作物であっても保護されないものがあることに注意してください。例えば，憲法その他の法令等，国の機関が発する通達，訓示等は，国民が自己の権利義務を判断する際に必要な資料であ

134

り，国民に広く開放すべき公共財とすべき内容であるため，保護対象とはされていません（著作権法13条）。

問題1　解答

ア ○　イ ✕　ウ ✕

著作物とは，「思想又は感情を創作的に表現したものであって，文芸，学術，美術又は音楽の範囲に属するもの」であると，著作権法に定義されています（著作権法2条1項1号）。

正解　ア

➕ プラスの枝　解答

1 ✕　著作権法による保護対象としては不適切（9号参照）
プログラムの著作物（著作権法10条1項9号）は，著作権法の保護対象ですが，それを作成するために用いられるプログラム言語，規約及び解法は著作物ではなく，保護されません。

2 ○　言語の著作物（1号）
小説・論文・脚本・俳句・講演・詩歌・エッセイ等は，言語の著作物として認められており，保護されます（著作権法10条1項1号）。

3 ○　建築の著作物（5号）
宮殿・城・凱旋門等の芸術的な建造物は，建築の著作物として認められ，保護されます（著作権法10条1項5号）。

4 ✕　著作権法による保護対象としては不適切
一般論では，標語，キャッチフレーズ，スローガン，新聞記事の見出し等には，著作物性は認められないとされています。

5 ○　美術の著作物（4号）
現在，漫画は，絵画・彫刻・版画・書等と同様に，美術の著作物に該当すると考えられており，保護されます（著作権法10条1項4号）。

6 ○　映画の著作物（7号）
テレビゲームの画面表示も映画の著作物に該当します（著作権法2条3項，著作権法10条1項7号）。

問題 2 18-11-6

ア〜ウを比較して，映画の著作者になり得る者として，最も適切と考えられるものはどれか。

- ア 映画の著作物の製作に発意と責任を有する者
- イ 映画の著作物において翻案された小説の原作品の著作者
- ウ 映画の著作物の全体的形成に創作的に寄与した者

➕ プラスの枝

適切なものに○をしなさい

1. 職務上創作されない著作物であっても，職務著作となり得る場合がある。
2. 映画の著作物の著作権は，原始的に映画製作者に帰属する。
3. 映画の著作物については，制作，監督，演出，撮影，美術等を担当してその映画の著作物の全体的形成に創作的に寄与した者が著作者となる。
4. あらゆる著作物について，法人が著作名義の下に公表することが，職務著作となるための要件である。

著作者

著作物とは，「考え」や「思い」に関連するものであり，他人のものとは異なる個性を有していて，それらが頭の中から外部に表現されており，かつ文化の範囲に属することが認められたものをいいます。文化の範囲というのは，文芸，学術，美術又は音楽の範囲に属するものです。また，著作者とは，著作物を創作した者をいい，一定要件を満たせば，法人も著作者になり得ます（著作権法15条）。この問題では，法的にどんなものが著作物，著作者として認められるのか，が問われています。

著作権法

問題2　解答

ア ✗ 映画製作者
映画の著作物の製作に発意と責任を有する者とは，映画製作者の定義です（著作権法2条1項10号）。なお，映画の著作物の全体的形成に創作的に寄与した者（監督等）が映画製作者に対し，映画の製作に参加することを約束しているときは，映画製作者に著作財産権が帰属しますが，映画製作者が著作者になれるわけではありません。

イ ✗ クラシカルオーサー
映画の著作物において翻案された小説の著作者，脚本，音楽などの著作者（クラシカルオーサー）は，映画の著作物の著作者から除外されます。

ウ ○ 映画の著作物の著作者
映画の著作物の全体的形成に創作的に寄与した者（監督等）は，映画の著作物の著作者となり得ます。

正解　ウ　／　テキスト Part4 テーマ ④,⑥

➕ プラスの枝　解答

1 ✗ 職務著作の成立要件
職務著作の成立には，①法人等の発意に基づいていること，②法人等の業務に従事する者が創作したものであること，③職務上著作物が創作されたものであること，④法人等が自己の名義の下に公表するものであること，⑤契約や勤務規則等に別段の定めがないことのすべてを満たすことが必要です（著作権法15条）。

2 ✗ 映画の著作物の著作権
映画の著作物については，その著作者が映画製作者に対し当該映画の著作物に参加することを約束しているときは，当該映画製作者に著作権が帰属します（著作権法29条1項）。

3 ○ 映画の著作物の著作者
映画の製作には，通常，多くのスタッフが関与し，権利関係が複雑になることから，このような規定が設けられています（著作権法16条）。

4 ✗ プログラムの著作物は対象外
プログラムの著作物については，法人の著作名義の下に公表することは要件ではありません。

問題 3
19-11-11

ア～ウを比較して，著作権に関して，最も<u>不適切</u>と考えられるものはどれか。

ア　著作者人格権と一緒であれば，第三者に著作権を譲渡することができる。
イ　著作権を享有するために，著作権の登録は不要である。
ウ　複製権者又は公衆送信権者は，出版権を設定することができる。

プラスの枝

適切なものに○をしなさい

1　放送権は，著作財産権ではなく著作隣接権の1つである。
2　著作財産権には，同一性保持権がある。
3　著作財産権は，著作占有権を中心とした法体系を有している。
4　肖像権は，著作財産権の1つである。
5　著作財産権は，その一部又は全部を譲渡，相続することができる。

テーマ解説　著作権

著作権は大きく「著作財産権」と「著作者人格権」とに分けられます。
著作財産権は著作物の財産的な側面を保護する権利で，著作者人格権は著作者の人格的な側面を保護する権利です。
これらの権利は，著作物の創作と同時に自動的に発生し，何ら手続等を行う必要はありません。

著作権法

問題3　解答

ア ✗ 著作権等の譲渡
著作権は自由に第三者に譲渡することが可能です（著作権法61条1項）。しかし，著作者人格権は著作者の一身に専属し，譲渡することができません（著作権法59条）。

イ ○ 著作権の発生
著作権は著作物の創作と同時に自動的に発生します。

ウ ○ 出版権の設定
複製権者又は公衆送信権者は出版権を設定することができます（著作権法79条1項）。

正解　ア　　テキスト Part4 テーマ④

➕ プラスの枝　解答

1 ○ 著作隣接権
放送権とは，著作隣接権の1つで，実演を放送することのできる権利です（著作権法92条）。

2 ✗ 著作者人格権の1つ
同一性保持権とは，著作者の意に反して著作物やその題号について切除や改変等を加えることを禁ずる権利で，著作者人格権の1つです。著作者の「気持ち」を保護しているもので，経済的な利益を保護している著作財産権ではありません（著作権法20条）。

3 ✗ 著作財産権の説明として不適切
このような規定は特にありません。選択枝に身に覚えのない用語が出てきてもあわてる必要はありません。そのような用語は不正解の可能性が高いので，消去法で確実に正解を導き出すようにしてください。

4 ✗ 判例上の権利
肖像権は，写真等の自己の肖像を勝手に撮影されたり，公表されない権利のことで，プライバシー権の一部です。法文上明確に規定されているわけではなく，判例上認められている権利です。

5 ○ 著作財産権の特徴
著作財産権は，一身専属的な著作者人格権とは異なり，その一部又は全部を譲渡，相続することができます（著作権法61条1項）。

問題 4 19-3-13

ア〜ウを比較して，著作権に関して，最も適切と考えられるものはどれか。

ア 頒布権を有する者は，その音楽の著作物をその複製物により頒布する権利を専有する。
イ 著作権を譲渡するときは，当該著作物を譲渡しなければ，著作権の譲渡の効果は発生しない。
ウ 著作権者は，著作物の複製物を譲渡により公衆に提供する権利を専有する。

プラスの枝

適切なものに○をしなさい

1 貸与権は，あらゆる著作物をその複製物の貸与により無断で公衆に提供されない権利である。
2 演奏権は，無断で著作物を公衆に直接見せ又は聞かせることを目的として演奏されない権利である。
3 譲渡権は，映画の著作物を除く著作物の原作品又は複製物を無断で譲渡され，公衆に提供されない権利である。
4 翻案権は，無断で二次的著作物を利用させない権利である。

テーマ解説　著作財産権　

著作財産権は，著作物の運用によって発生する著作権者の財産的権利・利益を守る権利で，名誉等を守る著作者人格権とともに，著作者が有する重要な権利です。代表的なものには，複製権，公衆送信権，展示権，頒布権，譲渡権等がありますが，これらの総称として著作財産権と表現しています。試験対策としては，権利範囲の内容とともに，対象となる著作物も整理しておきましょう。

問題4　解答

ア ✗ 頒布権
頒布権は，映画の著作物を頒布できる権利ですので，音楽の著作物を頒布できる権利ではありません。

イ ✗ 著作権の譲渡
著作権を譲渡する場合，その著作物を譲渡しなくても譲渡の効力は発生します。

ウ ○ 譲渡権
著作権者は，著作物の複製物を譲渡により公衆に提供する権利（譲渡権）を専有します（著作権法26条の2）。

正解　ウ

＋ プラスの枝　解答

1 ✗ 貸与権の説明として不適切
「貸与権」とは，著作物の複製物の貸与により公衆に提供できる排他的権利ですが，映画の著作物は除かれます（著作権法26条の3かっこ書）。映画の著作物の貸与については，頒布権の効力が及びます。

2 ○ 演奏権の説明として適切
「演奏権」の説明として適切です（著作権法22条）。なお，ここでの演奏とは，著作物を音楽的に演じる（歌唱を含む）ことを意味します。なお，上演とは，演奏以外の方法で著作物を演じることを意味します。

3 ○ 譲渡権の説明として適切
「譲渡権」の説明として適切です（著作権法26条の2）。映画の著作物が除かれているのは，映画の著作物については譲渡権を含む「頒布権」が認められているからです。

4 ✗ 翻案権の説明として不適切
「翻案権」とは，例えば小説を映画化するように，既存の著作物の大筋を変えずに，具体的な表現形式を変更して新たな著作物を創作できる権利です（著作権法27条）。

問題 5 予想問題

ア〜ウを比較して，著作権者の許諾を得ないで著作物を利用できる「私的使用のための複製」に当たる場合として，最も<u>不適切</u>と考えられるものはどれか。

ア　自宅でテレビ番組を録画する行為
イ　料理のレシピが載ったウェブサイトを出力して親に渡す行為
ウ　会社の会議の資料用に新聞記事をコピーして配布する行為

プラスの枝

私的使用のための複製に○をしなさい

1　レンタルCDを借りてきて自分用にダビングする行為
2　レンタルCDを借りてきてダビングし，有料で友人に配布する行為
3　レンタルCDのコピープロテクションを外して，自宅でダビングする行為
4　自宅で録画したテレビドラマを，インターネット上で配信する行為
5　自分の公開ホームページで好きな芸能人の写真集の一部を掲載する行為

テーマ解説　私的使用のための複製

著作権法では，個人的な場合や，家庭内や，その他これに準ずる限られた範囲で利用する場合は，著作権者の許諾を受けないで，複製をすることを認めています（著作権法30条）。ポイントは①「個人的」，②「家庭内」，③「これに準ずる限られた範囲」で行う複製ということです。「これに準ずる限られた範囲」というのは，グループの構成員相互間に強い個人的結合関係があることが必要とされます。

著作権者にとっても，このように限られた範囲ならば，権利を制限されたとしても，大きな不利益にはならないからです。ここで問題になっているのは，どこまでの範囲を私的使用と判断するか，です。

著作権法

問題5　解答

ア ○ **①個人的**
自宅で録画する行為は，典型的な個人的利用で，私的使用のための複製に該当します。

イ ○ **②家庭内**
ウェブサイトに掲載されている記事等にも著作権が存在します。ただ，家庭内の利用であれば，私的使用のための複製に該当します。

ウ ✕ **業務上の利用目的**
会社等の組織内で，会議の資料等として，業務上利用するために新聞や雑誌をコピーする行為は，私的使用の範囲を超えています。

正解　ウ　　テキスト　Part4　テーマ⑰

プラスの枝　解答

1 ○ **①個人的**
レンタルCDを借りてきて，自分用にダビングする行為は，私的使用の範囲に当たると考えられます。なお，レンタルCD店の店頭に設置している機器等でCDを複製する行為は，権利者の許諾が必要です。

2 ✕ **個人的な枠を超えている**
レンタルCDを借りてきて，個人的にダビングする場合は問題ありませんが，有料で友人に配布するとなると，個人的に楽しむことを目的としているとは考えにくく，私的使用の範囲には含まれません。

3 ✕ **私的使用のための複製の例外**
コピープロテクションを外してする複製行為までは私的使用のための複製とは認められておらず，著作権侵害となります。これを認めてしまうと，大量かつ高品質な複製が可能となり，著作者の経済的損失は多大なものとなる可能性があるからです。

4 ✕ **個人的な枠を超えている**
自宅で録画したテレビドラマを，インターネット上で配信する行為は，明らかに個人的な枠を超えています。

5 ✕ **個人的な枠を超えている**
ホームページ自体は個人的な趣味で作成していても，不特定多数の人がアクセスできる公開の状態にある場合，プロ，アマ問わず，他人が撮影した写真を無断で掲載する行為は，著作権侵害になります。

問題 6 18-11-2

ア〜ウを比較して，著作者人格権に関して，最も適切と考えられるものはどれか。

ア 同一性保持権は，著作者の意に反して，その著作物について，変更や切除その他の改変を受けない権利であるため，著作者の意に反した建築物の修繕による改変を禁止することができる。
イ 氏名表示権は，著作物に，氏名を表示するかしないか，表示する場合に実名にするか変名にするかを決めることができる権利である。
ウ 公表権は，著作物を公表するかしないかを決めることができる権利であるが，公表する時期や方法まで決めることはできない。

 プラスの枝

著作者人格権として適切なものに○をしなさい

1 翻案権
2 同一性保持権
3 譲渡権
4 肖像権

テーマ解説 著作者人格権

「著作者人格権」は，著作権の「財産権」以外の部分であり，著作者の創作した著作物を勝手に公表されたり，改変されたりしないといった権利で，いわば人格的・精神的利益を保護するためのものです。この権利は，著作財産権とは異なり，著作者の一身に専属し，譲渡することはできません（著作権法59条）。つまり，著作者人格権はその著作者本人のみが有することになり，著作者が死亡した場合には，相続の対象にもなりません。
著作者人格権には，具体的に，①公表権，②氏名表示権，③同一性保持権があります。この権利は，著作物が創作された時点で自動的に付与され，権利を得るための手続は，一切必要ありません（無方式主義（著作権法17条2項））。それぞれの特徴について整理しておきましょう。

問題6 解答

ア ✗ 同一性保持権
同一性保持権は，著作者の意に反して著作物及び題号の改変を受けない権利です（著作権法20条1項）。しかし，一部例外があり，建築物の増築，改築，修繕又は模様替えによる改変については，同一性保持権が適用されません（著作権法20条2項2号）。そのため，著作者の意に反した建築物の修繕による改変を禁止することはできません。

イ ○ 氏名表示権
氏名表示権は，著作物に氏名を表示するかしないか，表示する場合に実名にするか変名にするかを決めることができる権利です（著作権法19条）。

ウ ✗ 公表権
公表権は，公表する際の時期や方法まで決めることができます。

➕ プラスの枝 解答

1 ✗ 著作財産権の1つ
翻案権は，自分の著作物を他人に無断で翻案されない権利で，著作財産権の1つです。

2 ○ 著作者人格権の1つ
自己の著作物やその名称について，勝手に手を加えられる等の不本意な改変を受けないようにする権利を同一性保持権といい，著作者人格権の1つです（著作権法20条）。

3 ✗ 著作財産権の1つ
譲渡権は，著作者に無断で著作物そのものや複製物を公衆に提供されないための権利で著作財産権の1つです。

4 ✗ 判例上で認められている権利
肖像権は，他人に無断で写真を撮られたり，撮られた写真を無断で公表されたりしないよう主張できる権利で，判例によって認められている権利です。著作権法で認められている権利ではありません。

問題7 18-7-7改題

ア〜ウを比較して，著作権の存続期間に関して，最も<u>不適切</u>と考えられるものはどれか。

- ア 共同著作物の場合，未公表の場合は創作後70年，公表されたときは公表後70年を経過するまでの間，存続する。
- イ 無名又は変名の著作物の場合，公表後70年を経過するまでの間，存続する。
- ウ 映画の著作物の場合，未公表の場合は創作後70年，公表されたときは公表後70年を経過するまでの間，存続する。

 プラスの枝

適切なものに○をしなさい

1. 無名・変名の著作物の著作権は，原則として，その著作者の死後70年を経過するまで存続する。
2. 共同著作物の著作権は，原則として，最初に死亡した著作者の死後70年を経過するまで存続する。
3. 法人等の団体著作物の著作権は，原則として，その著作物の公表後70年を経過するまで存続する。

テーマ解説 著作物の保護期間

著作権は著作物の排他的独占権です。しかし，その権利を永久的に存続させると，著作物を利用するために永久的に著作権者の許しを得なければなりません。それでは文化の進展は著しく阻害されるため，著作権にも保護期間の制限が設けられています。

著作権は書面主義の特許等と違い，無方式主義で自然発生します。したがって，創作のときが存続期間の始まりです。原則著作者の死後70年を経過するまでの間存続します。

著作権法

問題7　解答

ア ✗ 共同著作物の存続期間
共同著作物は，最終に死亡した著作者の死後70年を経過するまでの間，存続します（著作権法51条かっこ書）。

イ ○ 無名又は変名の著作物の存続期間
無名又は変名の著作物は，公表後70年を経過するまでの間，存続します（著作権法52条1項）。なお，変名が周知な場合や実名の登録があった場合，著作者を公表した場合等は，その著作者の死後70年を経過するまでの間，存続します（著作権法52条2項）。

ウ ○ 映画の著作物の存続期間
映画の著作物は，未公表の場合は創作後70年，公表されたときは公表後70年を経過するまでの間，存続します（著作権法54条1項）。

正解　ア

➕ プラスの枝　解答

1 ✗ 無名・変名の著作物の保護期間
無名とは，著作者の表示がなく著作者が特定できないことを意味します。また，変名とは，例えばペンネーム等の実名以外で公表され，そのペンネームが周知でないことを意味します。いずれの存続期間も著作物の公表後70年を経過するまでです（著作権法52条1項）。

2 ✗ 共同著作物の保護期間
共同著作物の著作権は，原則として，最後に死亡した著作者の死後70年を経過するまで存続します（著作権法51条2項）。

3 ○ 団体著作物の保護期間
会社等の団体の命令で，そこに従事する人が創作し，団体の名義のもとに公表する著作物の場合は，存続期間は著作物の公表後70年を経過するまでとしています（著作権法53条1項）。公表後としているのは，著作物の創作には多くの者が関与する場合が多く，死亡時起算主義を採ることがむずかしいからです。

問題 8 19-11-23

ア～ウを比較して，著作権法上，著作隣接権を有する者として，最も不適切と考えられるものはどれか。

- ア 有線放送事業者
- イ レコード製作者
- ウ 映画製作者

プラスの枝

著作隣接権者として適切なものに○をしなさい

1 俳優　　2 指揮者　　3 作詞家
4 レコード製作者　　5 アスリート　　6 落語家

テーマ解説 著作隣接権

新たな著作物を作り出すことも「文化の発展」には重要ですが，そのような著作物を公衆に伝達することも重要です。そこで，創作者ではなくとも，著作物を広く社会に伝える際に一定の関与をして，文化を広め，保護発展に貢献している者に対して，著作隣接権を認めています。例えば，実演家やレコード製作者，放送事業者等です（著作権法89条等）。本問では，どのような者が著作隣接権者として認められるかを聞いています。

問題8 解答

- ア ○ **有線放送事業者**
  有線放送事業者は有線放送事業者の権利という著作隣接権を有します。
- イ ○ **レコード製作者**
  レコード製作者はレコード製作者の権利という著作隣接権を有しま

著作権法

す。

ウ ✗ **映画製作者**
映画の著作物は著作隣接権ではなく，著作権の目的となる著作物です。映画製作者は映画の著作物の著作権を有する場合がありますが，著作隣接権は有しません。

正解 **ウ**　Part4 テーマ⑳

➕ プラスの枝　解答

1 ○ **実演家**
俳優は，著作物を実際に演じて，新たな価値を付加して公衆に伝達している実演家です。

2 ○ **実演家**
「実演を指揮し，又は演出する者」も実演家として規定されています。

3 ✗ **著作隣接権者として不適切**
作詞家は，著作物の創作者であり，著作者や著作権者として保護されます。

4 ○ **著作隣接権者**
優れた録音技術に費用をかけて，音楽が広く流通することに貢献しているので，著作隣接権者に該当します。鳥の鳴き声や波の音等著作物とは考えられないコンテンツが録音された場合であっても，その音を最初に録音したレコード製作者には著作隣接権が発生します。コンテンツではなく録音という行為について，著作隣接権が認められるからです。

5 ✗ **著作隣接権者として不適切**
スポーツについては，芸術的性質がないので，著作権法上の「実演」には含まれませんので，実演家（著作隣接権者）として不適切です。

6 ○ **実演家**
古典落語を現在の落語家が行った場合等は，落語自体の著作権は消滅していても，それを伝達する落語家には実演家として著作隣接権が認められます。

問題 9   19-11-14

ア～ウを比較して，著作権者の許諾を得なければ行うことができない行為として，最も適切と考えられるものはどれか。

- ア　営利目的ではあるが，聴衆から料金を受けず，かつ実演家に対し報酬が支払われない場合に，公表された音楽の著作物を公に演奏すること
- イ　公表された著作物を，公正な慣行に合致し，かつ引用の目的上正当な範囲内で引用すること
- ウ　美術の著作物の原作品の所有者がその原作品を個人の部屋で展示すること

 プラスの枝

適切なものに○をしなさい

1. 引用による複製は，文化庁に届出をすれば，著作権者の許諾なしに行うことができる。
2. 私的使用目的の著作物の複製は，著作権者の許諾なしに行うことができる。
3. 公表された著作物の点字による複製は，著作権者の許諾なしに行うことができる。
4. 未公表の著作物でも，引用して利用することができる場合がある。

テーマ解説　著作権の制限

著作物をあまりに過度に保護しすぎるとかえって窮屈になって，著作権法の目的である「文化の発展」の障害になる場合があります。そこで，一定の場合に，権利者の許諾なく著作物等を無断で利用できることとしています。

このような例外規定の適用を受け，①日常生活の無断利用，②学校や図書館関係の無断利用，③マスコミ関係の無断利用，④その他の無断利用等に応じて，出所の明示をすべき場合や，補償金の支払いをすべき場合等も定められています。

問題9　解答

ア　○　営利を目的としない演奏
営利を目的とせず，聴衆から料金を受けず，かつ実演家に対し報酬が支払われない場合には，公表された音楽の著作物を公に演奏することができます（著作権法38条）。しかし，営利目的であれば，例え聴衆から料金を受けず，実演家に報酬が支払われない場合であっても，著作権者の許諾が必要です。

イ　×　引用の要件
公表された著作物を，公正な慣行に合致し，かつ引用の目的上正当な範囲内で引用する場合には，著作者に許諾を受けずに引用することができます（著作権法32条1項）。

ウ　×　原作品の所有者による展示
美術の著作物の原作品の所有者は，その著作物を原作品により公に展示することができます（著作権法45条1項）。この行為に著作権者の許諾は必要ありません。

正解　ア　　テキスト　Part4　テーマ⑰～⑲

➕ プラスの枝　解答

1　×　引用
公表された著作物の引用は，公正な慣行に合致し，かつ，報道，批評，研究その他の引用の目的上正当な範囲内で行うことが条件です。文化庁に届出をする必要はありません（著作権法32条1項）。

2　○　私的使用
個人的に又は家庭内の限られた範囲内で使用することを目的とするときは，著作権者の許諾なしに複製できます（著作権法30条1項）。

3　○　視覚障害者等のための複製等
公表された著作物は，著作権者の許諾なしに点字により複製することができます（著作権法37条1項）。

4　×　引用
引用ができるのは，公表された著作物に限られます（著作権法32条1項）。例外は認められません。

問題 10 18-7-18

ア〜ウを比較して，著作権法上の引用と認められるための要件として，最も<u>不適切</u>と考えられるものはどれか。

- ア 公正な慣行に合致し，引用の目的上正当な範囲内で行われるものであること
- イ 引用される著作物が，公表された著作物であること
- ウ 引用される著作物が，一般に周知することを目的として作成された広報資料であること

プラスの枝

適切なものに○をしなさい

1. 引用される側が「主」であり，引用する側が「従」である。
2. 他人の著作物を引用する際，便宜上内容を変更しても，出所を明示すれば問題ない。
3. 著作権法上の引用とは，紹介，参照等を目的とし，原則として，他人の著作物の一部を採用することである。

 テーマ解説 **著作物の引用**

公表された著作物は許諾なく引用して利用することができますが，公正な慣行に合致し，引用の目的上正当な範囲内で行われるものでなければなりません（著作権法32条1項）。つまり，①引用する必要性や必然性があって，②引用箇所が明瞭に区別でき，さらに③引用される著作物が「従」の関係でなければなりません。ここでは，許諾なく他人の著作物を利用できる場合のうち，「引用」とはどういう行為か，ということを問題にしています。

問題10　解答

ア　○　公正な慣行，正当な範囲内
公正な慣行に合致し，引用の目的上正当な範囲内で行われるものであることは，引用を認められるための要件です（著作権法32条1項）。

イ　○　公表された著作物
引用される著作物が，公表された著作物であることは，引用を認められるための要件です（著作権法32条1項）。

ウ　✕　対象となる著作物
引用される著作物は，公表されたものであればよく，著作物が作成された目的に左右されません。

正解　ウ

➕ プラスの枝　解答

1　✕　**引用の主従関係**
主従関係が反対になっていて，不適切です。引用される著作物は，あくまで「従」になる関係でなければなりません。

2　✕　**著作者人格権の侵害**
引用の前に，他人の著作物を勝手に改変してしまっているので，著作者の同一性保持権という著作者人格権を侵害しています（著作権法20条）。

3　○　**著作権法上の引用の定義**
著作権法では，既存の著作物を自分の著作物に取り入れたいような場合，一定の条件下で，他人の著作物の一部を採用することを認めています。本枝は，その説明として適切です。

問題 11
19-3-26

ア～ウを比較して，二次的著作物に関して，最も適切と考えられるものはどれか。

　ア　原著作物の翻訳，映画化，編曲など，原著作物に新たな創作性を加えることにより創作された著作物は，二次的著作物となる。
　イ　原著作物の著作権が存続期間の満了により消滅する場合，二次的著作物の著作権も同時に消滅する。
　ウ　二次的著作物を利用する場合，二次的著作物の元となった著作物の著作権者の許諾は不要である。

プラスの枝

適切なものに〇をしなさい
　1　五十音別電話帳は二次的著作物に該当する。
　2　職業別電話番号データベースは二次的著作物には該当しない。
　3　百科事典は二次的著作物には該当しない。
　4　2人以上が共同して創作した著作物を二次的著作物という。

テーマ解説　二次的著作物

著作物を翻訳したり，編曲したり，変形したり，又は脚色，映画化したりすることにより創作した著作物を二次的著作物といいます（著作権法2条1項11号）。
ベストセラーになった小説を映画化したり，演劇化することはよく行われていますが，これは既存の著作物に新たな創作を加えて作成されたものです。このように，既存の著作物に新たな創作が加えられた映画，演劇，翻訳本等は，二次的著作物に該当し，保護されます。

問題11 解答

ア ○ 二次的著作物の創作
原著作物の翻訳，映画化，編曲など，原著作物に新たな創作性を加えることにより創作された著作物は，二次的著作物となります（著作権法2条1項11号）。

イ × 二次的著作物の保護期間
二次的著作物の著作権は，原著作物の著作権と独立していますので，原著作物の著作権が存続期間の満了により消滅したことを理由に二次的著作物の著作権が消滅することはありません。

ウ × 二次的著作物の利用
二次的著作物の原著作者は，二次的著作物についても二次的著作物の著作者が有するものと同一の種類の権利を専有します（著作権法28条）。そのため，二次的著作物を利用する場合，原著作者にも許諾が必要です。

プラスの枝　解答

1 × 非著作物
二次的著作物とは，既存の著作物を翻訳したり，映画化したりすることにより創作された新たな著作物をいいます。五十音別電話帳は，二次的著作物には該当しません。

2 ○ データベースの著作物
職業別電話番号データベースは，データベースの著作物に該当しますが，二次著作物には該当しません。

3 ○ 編集著作物
百科事典は，編集著作物に該当します。素材が単なる情報であっても，それを創作的な配列，選択を行うことによって生み出された編集物を独立の著作物「編集著作物」として保護しています。二次的著作物には該当しないので適切です。

4 × 共同著作物
2人以上が共同して創作した著作物を共同著作物といい，二次的著作物の説明ではありません。具体的には，その各人の寄与分を分離して個別的にとらえることができないものをいいます。例えば，1つの楽曲を2人で一緒に作り上げた場合等が該当します（著作権法2条1項12号）。

問題 **12** 19-7-27

ア～ウを比較して，著作者の権利が侵害された場合に著作権者がとり得る措置として，最も<u>不適切</u>と考えられるものはどれか。

ア　登録移転請求
イ　不当利得返還請求
ウ　名誉回復措置請求

 プラスの枝

適切なものに○をしなさい

1　著作権者は，著作権侵害によって利益を得た侵害者に対し，自己の損失以上の利得の返還を求めることができる。
2　著作権を侵害した者には刑事罰が科される場合がある。
3　会社の従業員が，会社の業務で著作権侵害を行ったとしても，会社は罪を問われることはない。

著作権が侵害された場合の救済措置

著作権侵害に対して権利者は「民事上」や「刑事上」の対抗措置をとることができます。著作権法は民法の特別法であるという位置付けから，侵害された場合には他の私権と同様に民法の不法行為に基づく損害賠償を請求することができます。民事的対抗措置としては，①差止請求権，②損害賠償請求権，③不当利得返還請求権，④名誉回復等の措置の請求などがあります。また，著作権の侵害行為が故意（意図的）になされた場合は，「犯罪行為」であり，刑事罰（懲役もしくは罰金又はこれらの併科）を受ける可能性があります。

著作権法

問題12 解答

ア ✗ **救済措置として不適切**
登録移転請求は著作権を侵害された場合の救済措置として不適切です。

イ ○ **不当利得返還請求**
著作権が侵害された場合，著作権者は不当利得返還請求をすることができます（民法703条）。

ウ ○ **名誉回復措置請求**
著作者人格権が侵害された場合，著作権者は名誉回復措置請求をすることができます（著作権法115条）。

正解 ア

➕ プラスの枝 解答

1 ✗ **④不当利得返還請求権**
正当な法律上の理由なく，他人の損失によって財産的利益を得た者に対し，自己の損失を限度として，その利得返還を請求できます（民法703条，704条）。

2 ○ **刑事罰**
著作権を故意に侵害した者には，刑事罰が科される場合があります。

3 ✗ **両罰規定**
法人の代表者又は使用人その他の従業者が，その法人の業務に関し違反行為をしたときは，行為者を罰するほか，その法人に対しても罰金刑が科されます（著作権法124条）。

157

問題 13 予想問題

ア〜ウを比較して，著作権法に規定されている権利として，最も<u>不適切</u>と考えられるものはどれか。

- ア　譲渡権
- イ　商品化権
- ウ　複製権

プラスの枝

著作権法で規定されている権利として適切なものに○をしなさい

1. パブリシティ権
2. 頒布権
3. 肖像権
4. 出版権
5. 口述権

テーマ解説　著作権の周辺にある権利

著作権法の周辺には，産業財産権の他にも，法律として明文化されていないものでも判例上認められている重要な権利があります。その代表格が①パブリシティ権，②肖像権，③商品化権，の3つです。
また，通常実施権，専用実施権等の実施権については，現在のところ著作権法では規定されていません。著作物利用権の整備に関しては，今後の課題とされています。

問題13　解答

ア　○　**著作権法に規定されている権利**
　　　　譲渡権は著作物を譲渡できる権利で，著作権法26条の2に規定されています。

著作権法

イ ✕ ③商品化権
商品化権とは，漫画やアニメーション等の顧客吸引力のあるキャラクターを商品等に利用して，経済的利益を得る権利です。著作権法には規定されていません。

ウ ◯ **著作権法に規定されている権利**
複製権は著作物を複製できる権利で，著作権の中核を成す権利です（著作権法21条）。

プラスの枝　解答

1 ✕ ①パブリシティ権
「パブリシティ権」とは，芸能人等の名声，社会的評価，知名度等から生じる顧客吸引力のもつ経済的な利益や価値を排他的に支配する財産的権利です。法律上明文化されてはおらず，判例上認められた権利です。

2 ◯ **著作権法に規定されている権利**
「頒布権」とは，映画の著作物を複製して，その複製物を提供することができる排他的権利のことです（著作権法26条）。

3 ✕ ②肖像権
「肖像権」とは，自分の肖像（顔，姿及びその画像）を勝手に写真や絵画，彫刻等に写しとられたり，公表あるいは使用されたりしない権利のことです。法律上明文化されておらず，プライバシー権の一種として取り扱われています。

4 ◯ **著作権法に規定されている権利**
「出版権」とは，出版権設定契約によって，出版権者が頒布の目的をもって，著作物を原作のまま機械的又は化学的方法により，文書又は図画として複製することを専有できる排他的権利のことです（著作権法80条）。

5 ◯ **著作権法に規定されている権利**
「口述権」とは，言語著作物を公に口述することができる排他的権利のことです（著作権法24条）。

基本の知識を チェック！

次の文章は，正しいか，誤っているか。

1 著作権の存続期間は，原則として著作者の死後70年を経過するまで存続し，申請により更新することができる。

2 仕事において使用する目的で複製した場合でも，個人的に複製したものであれば私的使用のための複製に該当し，著作者の許諾を得る必要はない。

3 実演家は，氏名表示権と公表権を有している。

4 著作隣接権を有する者は，実演家，レコード製作者，放送事業者，有線放送事業者の4者である。

5 映画の著作物の著作者は，原則としてその映画の著作物の部分的形成に創作的に寄与した者である。

6 政令で定める機器によりデジタル方式で録音する場合，私的使用であっても複製するためには著作者に補償金を支払わなければならない。

7 編集物の中でその素材の選択又は配列によって創作性を有するものが編集著作物である。

8 二次的著作物の利用の際は，原著作権者と二次的著作物の著作権者の双方の許諾が必要である。

9 実演家の著作隣接権の存続期間は，実演を行った時に発生し，実演家の死後70年経過後に終了する。

10 著作権の侵害行為をした者に対しては，民事上の救済措置をとることはできても，刑事上の罰を与えることはできない。

160

著作権法

解答と解説

✗ 著作権の存続期間は，著作物の創作の時に始まり，原則として著作者の死後70年を経過するまで存続します。更新制度はありません。

✗ 個人的に又は家庭内その他これに準ずる限られた範囲内において使用することを目的としなければ，私的使用のための複製とは認められませんので，著作者の許諾が必要です。

✗ 実演家が有している実演家人格権は，氏名表示権と同一性保持権です。

○ 著作隣接権を有する者として，実演家，レコード製作者，放送事業者，有線放送事業者の4者が規定されています。

✗ 映画の著作物の著作者は，原則として制作，監督等を担当してその映画の著作物の全体的形成に創作的に寄与した者です。

○ 政令で定めるデジタル方式の録音の場合は，私的使用のための複製であっても，著作者に補償金を支払わなければなりません。

○ 編集著作物とは，編集物でその素材の選択又は配列によって創作性を有するものです。

○ 二次的著作物に関しては，原著作者と二次的著作物の著作権者が権利を有するため，双方の利用許諾が必要です。

✗ 実演家の著作隣接権の存続期間は，実演を行った時に発生し，その実演が行われた日の属する年の翌年から起算して70年です。

✗ 著作権侵害に対して権利者は，民事上と刑事上の両方の救済措置をとることができます。

Part 4

過去問に チャレンジ！

問1   19-3-1

ア～ウを比較して，著作物に関して，最も適切と考えられるものはどれか。

- ア　著作物は，文芸，学術，美術又は音楽の範囲に属するものでなければならないため，図面は著作物として保護されない。
- イ　アイデア自体は，著作物として保護される。
- ウ　著作物は，創作性がなければならないため，表現に選択の幅があるほど著作物となる可能性が高い。

問2   19-7-25

ア～ウを比較して，著作権法に規定する著作者人格権等に関して，最も適切と考えられるものはどれか。

- ア　実演家は，実演家人格権として公表権と同一性保持権を有する。
- イ　著作者人格権及び著作権の享有には，いかなる方式の履行をも要しない。
- ウ　著作者の意に反して著作物を改変することは同一性保持権の侵害となるが，著作物の題号を変更することは同一性保持権の侵害とならない。

162

著作権法

> 正解　ウ

- ア　✗　図面は学術の範囲に属するものであり，著作物として保護されます。
- イ　✗　著作物は，思想又は感情を創作的に表現したものですので，まだ表現されていないアイデア自体は著作物として保護されません。
- ウ　○　その表現に選択の幅があるほど創作性を満たしていると考えられ，著作物となる可能性が高いです。

> 正解　イ

- ア　✗　実演家は，実演家人格権として同一性保持権及び氏名表示権を有します（著作権法90条の2，90条の3）。しかし，実演には公表が伴うため公表権は有しません。
- イ　○　著作者人格権及び著作権の享有には，いかなる方式の履行をも要しません（著作権法17条2項）。
- ウ　✗　著作物だけでなく，著作物の題号についても著作者の意に反して改変した場合には，同一性保持権の侵害となります（著作権法20条1項）。

過去問に チャレンジ！

問3
19-3-5

ア～ウを比較して，データベースの著作物の説明として，最も適切と考えられるものはどれか。

ア　データベースでその情報の選択又は体系的な構成により，有用性を有するものをいう。

イ　データベースでその情報の選択又は体系的な構成により，創作性を有するものをいう。

ウ　データベースでその情報の選択又は体系的な構成により，進歩性を有するものをいう。

問4
21-3-26

ア～ウを比較して，編集著作物に関して，最も適切と考えられるものはどれか。

ア　編集著作物とは，編集物であってその素材の選択又は配列によって創作性を有するものである。

イ　編集著作物の素材自体も，創作性を有する著作物でなければならない。

ウ　データベースの著作物は，編集著作物として保護される。

著作権法

正解　イ

ア ✘　イ ○　ウ ✘

データベースでその情報の選択又は体系的な構成によって創作性を有するものは，著作物として保護されます（著作権法12条の2）。
有用性や進歩性はデータベースの著作物の説明として不適切です。

Part
4

正解　ア

ア ○　編集著作物とは，編集物であってその素材の選択又は配列によって創作性を有するものです（著作権法12条1項）。

イ ✘　編集著作物は素材の選択又は配列によって創作性を有すればよく，素材自体が創作性を有している必要はありません。

ウ ✘　データベースの著作物は，データベースでその情報の選択又は体系的な構成によって創作性を有するものをいい，データベースの著作物として保護されます（著作権法12条の2第1項）。編集著作物として保護されるわけではありません。

165

過去問に チャレンジ！

問5   20-11-24

ア～ウを比較して，職務著作に係る著作物（プログラムの著作物を除く）の著作者が法人等になる場合の要件として，最も<u>不適切</u>と考えられるものはどれか。

ア　法人等が自社の名義のもとに公表すること
イ　法人等が従業者に対価を支払うこと
ウ　法人等の発意に基づき，その法人等の業務に従事する者が職務上作成すること

問6   19-7-15

ア～ウを比較して，著作権の制限に関して，最も<u>不適切</u>と考えられるものはどれか。

ア　私的使用目的であっても，インターネット上で，違法な複製物と知りながら当該複製物をダウンロードすることはできない。
イ　絵画の著作物の原作品の所有者は，当該著作物の著作権者の許諾を得ずに公に展示することができる。
ウ　未公表の著作物を引用して利用することができる。

著作権法

> 正解 イ

- ア ○ 法人等が自社の名義のもとに公表することは，職務著作の著作者が法人等になる場合の要件の1つです（著作権法15条2項）。なお，プログラムの著作物については，この要件を満たさなくても職務著作の著作者が法人等になります。
- イ ✗ 法人等が従業者に対価を支払うことは，要件として規定されていません。
- ウ ○ 法人等の発意に基づき，その法人等の業務に従事する者が職務上作成することは，職務著作の著作者が法人等になる場合の要件の1つです（著作権法15条1項）。

> 正解 ウ

- ア ○ 私的使用目的であっても，インターネット上で，違法な複製物（いわゆる海賊版）と知りながら当該複製物をダウンロードすることはできません（著作権法30条1項3号）。
- イ ○ 美術の著作物の原作品の所有者は，著作権者の許諾を得ずに，その美術の著作物をその原作品により公に展示することができます（著作権法45条1項）。
- ウ ✗ 未公表の著作物は引用して利用することはできません（著作権法32条）。

過去問に チャレンジ！

問7   19-7-1

ア〜ウを比較して，著作物に関して，最も適切と考えられるものはどれか。

   ア 地図は，著作権法上の保護対象となる。
   イ 編集著作物として保護されるためには，素材の選択及び配列の両方に創作性を有さなければならない。
   ウ 著作権法の条文自体は，著作権法上の保護対象となる。

問8   19-11-1

ア〜ウを比較して，著作隣接権に関して，最も<u>不適切</u>と考えられるものはどれか。

   ア 著作者が，その著作物を演じても著作隣接権を有することはない。
   イ 固定した音が著作物でない場合であっても，著作隣接権が発生する。
   ウ 私的使用目的で複製を行った場合には，著作権と同様に著作隣接権も制限される。

著作権法

正解　ア

ア　◯　地図は著作権法上の保護対象となります（著作権法10条1項6号）。
イ　✗　素材の選択又は配列のいずれかによって創作性を有する場合には編集著作物として保護されます（著作権法12条1項）。
ウ　✗　著作権法の条文自体は，権利の目的とならない著作物ですので，著作権法上の保護対象となりません（著作権法13条1号）。

もう一度check!▶ 問題 1

正解　ア

ア　✗　著作者がその著作物を演じた場合，著作者は著作権だけでなく著作隣接権も有します。
イ　◯　例えば鳥の鳴き声等，著作物でない音を固定した場合であっても，レコード製作者の著作隣接権は発生します。
ウ　◯　私的使用目的で複製を行った場合には，著作権と同様に著作隣接権も制限されます（著作権法102条1項）。

もう一度check!▶ 問題 8

過去問に チャレンジ！

問9　18-11-9

ア〜ウを比較して，著作隣接権の存続期間に関して，最も適切と考えられるものはどれか。

ア　レコード製作者が有する著作隣接権は，そのレコード製作者が死亡した日の属する年の翌年から50年を経過したときに消滅する。

イ　実演家が有する著作隣接権は，その実演家が死亡した日の属する年の翌年から50年を経過したときに消滅する。

ウ　放送事業者が有する著作隣接権は，その放送が行われた日の属する年の翌年から50年を経過したときに消滅する。

問10　19-7-2

ア〜ウを比較して，著作権者の許諾を得ないで行うことができる行為として，最も適切と考えられるものはどれか。

ア　営利を目的とした教育機関において，授業で使用する目的で，公表された著作物を複製する行為

イ　無償で配布することを目的として，業として著作物を複製する行為

ウ　公表された著作物を，入学試験の目的上必要と認められる限度において，当該試験の問題として複製する行為

著作権法

正解　ウ

- ア ✗ レコード製作者が有する著作隣接権は，そのレコードの発行が行われた日の属する年の翌年から70年を経過したときに消滅します（著作権法101条2項2号）。
- イ ✗ 実演家が有する著作隣接権は，その実演が行われた日の属する年の翌年から70年を経過したときに消滅します（著作権法101条2項2号）。
- ウ ○ 放送事業者が有する著作隣接権は，その放送が行われた日の属する年の翌年から50年を経過したときに消滅します（著作権法101条2項3号）。

正解　ウ

- ア ✗ 営利を目的しない教育機関であれば，著作者の許諾なく授業で使用する目的で，公表された著作物を複製することができますが，営利目的の教育機関においては著作権者の許諾が必要です。
- イ ✗ 著作権者の許諾を得ずに業として著作物を複製する行為は，著作者の複製権等を侵害します。無償で配布することが目的であっても，著作権者の許諾を得ることが必要です。
- ウ ○ 公表された著作物を，入学試験の目的上必要と認められる限度において，当該試験の問題として複製する行為は，著作権者の許諾を得ずに行うことができます（著作権法36条1項）。

過去問に チャレンジ！

問11
21-3-23

ア～ウを比較して，著作物に関する次の文章の空欄 ［ 1 ］ に入る語句として，最も適切と考えられるものはどれか。

個人的に又は ［ 1 ］ その他これに準ずる限られた範囲内において使用することを目的とするときは，著作権者の許諾を得ずに著作物を複製することができる。

ア　職場内
イ　家庭内
ウ　不特定少数のグループ内

問12
18-7-28

ア～ウを比較して，著作権等が侵害された場合に著作権者等がとり得る措置として，最も**不適切**と考えられるものはどれか。

ア　登録移転の請求
イ　名誉回復の措置の請求
ウ　差止請求

著作権法

> 正解　イ

ア ✗　　イ 〇　　ウ ✗

著作権法には著作権の目的となっている著作物は，個人的に又は家庭内その他これに準ずる限られた範囲内において使用することを目的とするときは，その使用する者が複製することができると規定されています（著作権法30条1項柱書）。

なお，このような私的使用の目的であっても，コピーガードを解除して複製したり，いわゆる海賊版の映画や音楽，写真，漫画等を違法ダウンロードする行為は著作権の侵害に該当します（著作権法30条1項各号）。

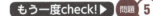

> 正解　ア

ア ✗　著作権等が侵害された場合に著作権者等がとり得る措置として，登録移転の請求をすることはできません。

イ 〇　著作者人格権が侵害された場合には，名誉回復の措置の請求をすることができます（著作権法115条）。

ウ 〇　著作権等が侵害された場合には，差止の請求をすることができます（著作権法112条）。

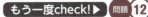

過去問に チャレンジ！

問13   19-3-22

ア〜ウを比較して，著作隣接権に関して，最も<u>不適切</u>と考えられるものはどれか。

ア　レコード製作者の著作隣接権は，レコードに固定されている音を最初に固定した者に発生する。

イ　放送事業者及び有線放送事業者の著作隣接権の存続期間の終期は，その放送又は有線放送が行われた日の属する年の翌年から起算する。

ウ　実演家は，実演家人格権として，公表権と同一性保持権を有する。

問14   20-11-21

ア〜ウを比較して，著作権の制限に関して，最も適切と考えられるものはどれか。

ア　美術の著作物の原作品の所有者は，著作権者の許諾を得ることなく，その著作物の原作品を公に展示することができない。

イ　写真の撮影の際に他人が著作権を有する著作物が写り込んでしまったとしても，その他人の許諾を得ることなく当該著作物を複製することができる場合がある。

ウ　著作権者の許諾を得ることなくインターネット上で配信されている，いわゆる海賊版であっても，私的使用を目的とする場合であれば，海賊版であると知りながらダウンロードして録音又は録画をすることができる。

正解　ウ

- ア ○ レコード製作者の著作隣接権は，レコードに固定されている音を最初に固定した者（レコード製作者）に発生します。
- イ ○ 放送事業者及び有線放送事業者の著作隣接権の存続期間の終期は，その放送又は有線放送が行われた日の属する年の翌年から起算して50年です（著作権法101条2項3号，同4号）。
- ウ × 実演家は，実演家人格権として，同一性保持権を有しますが，公表権は有しません。実演には公表が伴うためです。

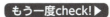

正解　イ

- ア × 美術の著作物の原作品の所有者は，著作権者の許諾を得ることなく，その美術の著作物の原作品を公に展示することができます（著作権法45条1項）。
- イ ○ 写り込んでしまった他人の著作物がその写り込んだ著作物が写真等において軽微構成部分であり，写り込んだ著作物の利用により利益を得る目的の有無，写り込んだ著作物の分離の困難性の程度，写り込んだ著作物が果たす役割その他の要素に照らし正当な範囲内である場合には，その他人の許諾を得ることなく写真を複製することができます（著作権法30条の2第1項）。
- ウ × 私的使用を目的としていたとしても，いわゆる海賊版であると知りながらダウンロードして録音又は録画をすることはできません（著作権法30条1項3号）。

過去問に チャレンジ！

問15
18-11-23

ア〜ウを比較して，著作権の侵害に関して，最も<u>不適切</u>と考えられるものはどれか。

ア　他人の著作物の全体ではなく，一部分だけをそのまま利用して作品を創作した場合であっても，その一部分に創作性があれば，著作権の侵害となる。

イ　他人の著作物と本質的特徴を同じくする作品を，たまたま創作してしまった場合であっても，その他人の著作物の存在を知らなかったならば，著作権の侵害とならない。

ウ　他人の著作物に，新たな創作性を加えて作品を創作した場合は，本質的特徴が他人の著作物と同じであっても，著作権の侵害とならない。

問16
20-7-1

ア〜ウを比較して，実演家人格権に含まれる権利として，最も<u>不適切</u>と考えられるものはどれか。

ア　同一性保持権
イ　氏名表示権
ウ　肖像権

著作権法

正解　ウ

ア ○ 他人の著作物の創作性のある一部分をそのまま利用すると，複製権等の侵害となる可能性があります。
イ ○ 複製権の侵害となるには，他人の著作物に依拠していることが要件となります。他人の著作物と本質的特徴を同じくする作品をたまたま創作してしまった場合には，他人の著作物に依拠していませんので，著作権の侵害には該当しません。
ウ ✕ 他人の著作物に依拠し，かつ，その表現上の本質的特徴の同一性を維持しつつ，具体的表現に修正，増減，変更等を加える行為は翻案に該当します。そのため，その他人の翻案権や同一性保持権を侵害します。

正解　ウ

ア ○ 同一性保持権は実演家人格権に含まれる権利です（著作権法90条の3）。
イ ○ 氏名表示権は実演家人格権に含まれる権利です（著作権法90条の2）。
ウ ✕ 肖像権は，判例で認められている権利で，みだりに自己の容ぼう等を撮影されたり，自己の容ぼう等を撮影された写真をみだりに公表されない権利です。実演家人格権には含まれません。
　なお，実演家人格権には公表権も含まれません。実演する際には，公表を前提として行われることが多いためです。

もう一度check！▶ 問題 問題

177

過去問に チャレンジ！

問17　　　　　　　　　　　　　　　　　　　　　20-7-30

ア〜ウを比較して，著作権及び著作者人格権に関して，最も適切と考えられるものはどれか。

ア　著作権及び著作者人格権の享有には，いかなる方式の履行をも要しない。

イ　共同著作物に係る著作者人格権は，他の共有者の同意を得れば譲渡することができる。

ウ　著作権は一部譲渡が不可能であるため，公衆送信権のみを譲渡することはできない。

問18　　　　　　　　　　　　　　　　　　　　　20-11-1

ア〜ウを比較して，著作権法に規定する目的に関する次の文章の空欄 ［　1　］ 〜 ［　2　］ に入る語句の組合せとして，最も適切と考えられるものはどれか。

著作権法は，「著作物並びに実演，レコード，放送及び有線放送に関し ［　1　］ の権利及びこれに隣接する権利を定め，これらの文化的所産の公正な利用に留意しつつ，［　1　］ 等の権利の保護を図り，もって ［　2　］ に寄与すること」を目的としている。

ア　［　1　］ ＝著作者　　　［　2　］ ＝産業の発達

イ　［　1　］ ＝著作者　　　［　2　］ ＝文化の発展

ウ　［　1　］ ＝著作権者　　［　2　］ ＝文化の発展

178

著作権法

正解　ア

ア ○ 著作権や著作者人格権は，著作物を創作すれば何ら手続等をすることなく発生し，著作者がこれらの権利を取得します。

イ ✕ 著作者人格権は著作者の一身に専属し，譲渡することができません（著作権法59条）。これは共同著作物に係る著作者人格権でも同じです。

ウ ✕ 著作権は一部譲渡することができます。そのため，公衆送信権のみ譲渡することも可能です。

Part
4

正解　イ

ア ✕　イ ○　ウ ✕

著作権法は，著作物並びに実演，レコード，放送及び有線放送に関し著作者の権利及びこれに隣接する権利を定め，これらの文化的所産の公正な利用に留意しつつ，著作者等の権利の保護を図り，もって文化の発展に寄与することを目的としています。

産業の発達を目的としているのは、特許法等の産業財産権です。

179

Part5

不正競争防止法
独占禁止法
その他

Introduction

他社の製品を模倣する行為，自社の製品について虚偽の表示をする行為，ライバル社と手を組み，不当な価格を設定する行為，これが認められると，市場の公正な競争が確保されず，消費者に不利益が生じます。これらを規制するため定められている「不正競争防止法」や「独占禁止法」についても確認していきましょう。

問題 1 19-11-30

ア～ウを比較して，不正競争防止法に関して，最も適切と考えられるものはどれか。

　ア　他人の商品と形態が同一の商品を販売した場合，その販売行為が，不正競争行為に該当することがある。
　イ　商品について，その原産地や品質を誤認させるような表示をする行為は，不正競争行為に該当しない。
　ウ　特許権の侵害である旨の警告書を競争相手の取引先に対して送付する行為は，競争相手の営業上の信用を害する行為であるから，直ちに不正競争行為に該当する。

プラスの枝

適切なものに○をしなさい

1　周知な他人の商品等表示と同一もしくは類似の商品等表示をして，他人の商品と混同を生じさせる行為は，不正競争に該当する。
2　著名な他人の商品等表示と同一もしくは類似の商品等表示をして，商品を販売する行為は，不正競争に該当する。
3　不正なコピーを防ぐ処理を取り除く機能をもった装置を販売する行為は，不正競争に該当する。
4　不正の利益を得る目的で，他人の商標と同一もしくは類似のドメイン名を取得する行為は，不正競争に該当する。

テーマ解説　不正競争行為

不正競争防止法では，規制の対象である「不正競争」が限定列挙されています（不正競争防止法2条1項）。例示列挙では，どのような行為が不正競争に該当するか判断が困難になり，正当な企業活動を萎縮させるおそれがあるため，規制対象を明確にしているのです。

不正競争の中でも特に，弁理士の業務範囲である特定不正競争は重要です。特定不正競争には，①周知表示混同惹起行為，②著名表示冒用行為，③商品形態模倣行為，④営業秘密に関する不正競争，⑤ドメイン名に係る不正競争，があります。問題は，ど

のような行為が不正競争に該当するか，です。

問題1　解答

ア ○ ③商品形態模倣行為
他人の商品の形態を模倣した商品を譲渡する行為は，商品形態模倣行為という不正競争行為に該当します（不正競争防止法2条1項3号）。

イ ✕ 品質等誤認惹起行為
商品の品質を誤認させるような表示をする行為は，不正競争行為に該当します（不正競争防止法2条1項20号）。

ウ ✕ 信用毀損行為
競争関係にある他人の営業上の信用を害する虚偽の事実を流布する行為は，信用毀損行為という不正競争行為に該当しますが（不正競争防止法2条1項21号），侵害行為が事実であれば不正競争行為には該当しません。

正解　ア

プラスの枝　解答

1 ○ ①周知表示混同惹起行為
他人の周知な商品等表示を使用することで，商品の出所が混同し所有者の利益が害されます。これは周知表示混同惹起行為といい，不正競争行為です（不正競争防止法2条1項1号）。

2 ○ ②著名表示冒用行為
偽ブランド品の販売等，他人の著名な商品等表示を使用する行為は，そのネームバリューにタダ乗りしているだけです。これは著名表示冒用行為といい，不正競争行為です（不正競争防止法2条1項2号）。

3 ○ 技術的制限手段に対する不正競争行為
DVD等には，不正なコピーを防ぐための技術的制限手段が設けられています。これを無効化する装置の販売は，技術的制限手段に対する不正競争行為です（不正競争防止法2条1項17号）。

4 ○ ドメイン名に係る不正競争行為
転売目的等で，有名企業と関係ない者がドメイン名を取得する行為は，有名企業の信用にタダ乗りする不正競争行為です（不正競争防止法2条1項19号）。

問題 2 予想問題

ア～ウを比較して、営業秘密に関して、最も適切と考えられるものはどれか。

- ア 誰もが閲覧できないように鍵のついた棚に保管し、「社外秘」等の表示もしてあるので営業秘密の管理として問題ない。
- イ 誰もが知っている情報であっても、自社にとっては有用性が高いので営業秘密になり得る。
- ウ 製品開発における失敗の情報などの、いわゆるネガティブ・インフォメーションは営業秘密にはならない。

プラスの枝

適切なものに○をしなさい

1. 従業員の誰もが閲覧できるように保管しているが、「社外秘」等の表示はしてあるので営業秘密の管理として問題ない。
2. 業界では誰もが知っている情報でも、一般的には知られていないので、営業秘密になり得る。
3. 従業員の誰もがアクセスできるサーバーに情報を保管しているが、この情報のファイルを開くためにはパスワードを入力する必要があり、「社外秘」等の表示もしてあるので、営業秘密の管理としては問題ない。
4. 技術的な情報でなくても、事業上有用な情報であれば営業秘密に該当する可能性がある。

テーマ解説 営業秘密の定義

不正競争防止法で「営業秘密」とは、秘密として管理されている生産方法、販売方法その他の事業活動に有用な技術上又は営業上の情報であって、公然と知られていないものと定義されています（不正競争防止法2条6項）。
つまり、①秘密として管理されていること（秘密管理性）、②事業上有用な情報であること（有用性）、③公然と知られていないこと（非公知性）、が求められます。
これらの①～③の条件のうち、1つでも満たしていないものがあれば、営業秘密には該当しません。

不正競争防止法・独占禁止法・その他

問題2　解答

ア　〇　①秘密管理性
営業秘密は誰もが閲覧できないように保管して，その情報が営業秘密であることを認識できるようにしている必要があります。したがって，この管理方法は適切といえます。

イ　×　③非公知性
事業上有用な情報であることは必要ですが，誰もが知っている情報は営業秘密には該当しません。

ウ　×　②有用性
実験の失敗データなどのネガティブ・インフォメーションも，一般に有用性が認められています。秘密管理等の要件が備わっていれば，営業秘密になり得ると考えられます。

正解　ア

➕ プラスの枝　解答

1　×　①秘密管理性
「社外秘」等の表示がしてあるだけでは，管理方法として不適切です。社外秘と表示された書庫に厳重に保管される等の管理方法でなければなりません。誰もが閲覧できる状態では，秘密として管理されているとはいえません。

2　×　③非公知性
一般的に知られていなくても，その業界の誰もが知っている情報はすでに公知であり，営業秘密には該当しません。

3　〇　①秘密管理性
誰もがアクセスできるサーバーに保管していても，その情報を閲覧するためにはパスワードが必要なので，限られた人しか閲覧できないことになります。したがって，この管理方法は適切といえます。

4　〇　②有用性
例え技術的な情報でなくても，事業上有用な情報であれば営業秘密に該当する可能性があります。例えば，顧客名簿のようなものは技術情報ではありませんが，事業上有用な情報になり得ます。

予想問題

1〜3を比較して, 営業秘密に関する不正行為に該当するものはいくつあるか。

1 情報を取得したときには, その情報が不正に取得されたものだと知らなかったが, 後にその情報が不正に取得されたものだと知り, 不正に取得されたものだと知った時点で, その情報の使用や開示をやめた。
2 営業秘密を保有する事業者から提示された営業秘密を, 保有者に損害を加える目的で使用した。
3 営業秘密を保有する事業者から営業秘密を窃取した。

ア 1つ　イ 2つ　ウ 3つ

 プラスの枝

営業秘密に関する不正行為に○をしなさい

4 営業秘密について, 不正取得行為が介在したことを知っていたが, その営業秘密を取得した。
5 不正に取得した営業秘密を第三者に開示した。
6 開示された情報が不正に取得されたものだと知っていたが, その情報を取得し使用した。
7 開示された情報が不正に取得されたものだと知らなかったが, 後にその情報が不正に取得されたものだと知り, その情報を使用した。

テーマ解説 営業秘密に関する不正行為

不正競争防止法では, 営業秘密に関する不正行為を次のように規定しています（不正競争防止法2条1項4号〜9号）。
①不正取得行為
不正取得行為とは, 窃取, 詐欺, 強迫その他の不正の手段により営業秘密を取得する行為のことをいいます。つまり, 秘密を盗んだり, 騙し取ったり, 脅迫して取得してはいけないということです。
②不正開示行為
不正の利益を得る又は保有者に損害を与えるために開示する行為等です。

> その他にも，不正取得行為が介在したことを知りながら営業秘密を取得したり，使用する行為等も不正行為になります。

問題3　解答

1 ✗ **不正行為に該当しない**
情報を取得した時点では，不正取得行為が介在していたことを知らなかったとしても，不正取得行為が介在していたことを知ってから，その営業秘密を使用したり開示すれば，不正行為になります。この問題では，知った時点で使用や開示をやめているので，不正行為に該当しません。

2 ○ **②不正開示行為**
営業秘密を保有する事業者から提示された営業秘密を，保有者に損害を加える目的で使用する行為は，不正開示行為に該当します。

3 ○ **①不正取得行為**
営業秘密を保有する事業者から営業秘密を盗み取ることは，不正取得行為に該当します。

正解　イ　　Part5 テーマ②

プラスの枝　解答

4 ○ **①不正取得行為**
営業秘密について，不正取得行為が介在したことを知っていながら，その営業秘密を取得する行為は，不正行為に該当します。

5 ○ **②不正開示行為**
不正に取得した営業秘密を第三者に開示する行為は，不正開示行為に該当します。また，不正に取得した行為自体も不正行為に該当します。

6 ○ **②不正開示行為**
開示された情報が不正に取得されたものだと知っていながら，その情報を取得し使用する行為は，不正行為に該当します。

7 ○ **②不正開示行為**
開示された情報が不正に取得されたものだと知らなかったとしても，後にその情報が不正に取得されたものだと知って，その情報を使用したら不正行為とみなされます。

 問題 4 予想問題

ア～ウを比較して，独占禁止法の目的として，最も不適切と考えられるものはどれか。

ア　一般消費者の利益を確保すること
イ　産業の発達に寄与すること
ウ　国民経済の民主的で健全な発達を促進すること

 プラスの枝

独占禁止法の目的として適切なものに○をしなさい

1　国の産業技術を保護すること
2　市場の公正かつ自由な競争を確保すること
3　業務上の信用を保護すること
4　取引の制限や強い経済力の濫用を防ぐこと
5　より良質で安価な商品を生み出すこと

 テーマ解説　独占禁止法の目的

独占禁止法は，公正かつ自由な競争を確保するため一定の行為を排除し，経済の健全な発達を促進することを目的としています（独占禁止法1条）。つまり，市場でフェアな戦いをするために，誰かが反則しないよう定められたルールです。独占禁止法に違反する行為は，公正取引委員会によって処分を受けます。

問題4　解答

ア　○　独占禁止法の目的
一般消費者の利益を確保することは，独占禁止法の目的の1つです（独占禁止法1条）。

イ　×　産業財産権法の目的
産業の発達に寄与することは独占禁止法の目的ではなく，特許法等の産業財産権法の目的です。

ウ　○　独占禁止法の目的
国民経済の民主的で健全な発達を促進することは，独占禁止法の目的の1つです（独占禁止法1条）。

正解　イ

プラスの枝　解答

1　×　**特許法の目的**
独占禁止法は，事業活動の取り決めであり，技術に関するものではありません。

2　○　**独占禁止法の目的**
独占禁止法の目的として適切です。市場の公正かつ自由な競争を確保することで，国民経済の健全な発達を促すことを目的としています。

3　×　**商標法の目的**
商品やサービス等の名称の登録を通じて，そこに蓄積された業務上の信用を保護することは商標法の目的です。

4　○　**独占禁止法の目的**
独占禁止法の目的として適切です。取引の制限や強い経済力の濫用は，公正な競争を阻害します。

5　○　**独占禁止法の目的**
公正で自由な競争を確保することで，企業等は，よりよい商品を作る努力をするので，結果的に国民経済の健全な発達を促すことになり，独占禁止法の目的に合致します。

問題 5   19-11-5

ア～ウを比較して，独占禁止法に関して，最も不適切と考えられるものはどれか。

ア　事業者は，私的独占又は不当な取引制限をしてはならない。
イ　不当な取引制限には，カルテルと入札談合がある。
ウ　独占禁止法に違反する事実が認められた場合，公正取引委員会は排除措置命令を出すことがあるが，課徴金納付命令を出すことはできない。

プラスの枝

適切なものに○をしなさい

1　公正な競争を阻害するおそれがある行為は，独占禁止法において禁止されている。
2　他の企業と手を組んで，人為的に別の事業者の活動を支配して不当に低い価格を設定するような行為は，競争社会においてはやむを得ない。
3　企業間の株式の保有や役員の兼任，企業の合併等により，競争が実質的に制限されるときは，これらの行為は禁止される。
4　複数の同業者が市場支配を目的として，価格や販売数量等を制限する協定や合意は，経済を停滞させるため禁止行為とされている。

テーマ解説　独占禁止法における禁止行為　頻出 よくでる！

独占禁止法は，経済の健全な発達を図ることを目的としています。そのため，きちんとした市場競争が行われるよう，公正を欠くような一定の行為を規制しています。具体的には，①不当な取引制限（カルテル，入札談合），②私的独占，③不公正な取引方法，④企業間の結合や集中，等です。本問では，その独占禁止法における禁止行為の具体的内容の理解を求めています。

不正競争防止法・独占禁止法・その他

問題5　解答

ア ○ **私的独占等**
私的独占又は不当な取引制限は，独占禁止法に違反する行為ですので，事業者はこのような行為を行ってはいけません。

イ ○ **不当な取引制限**
不当な取引制限に該当する行為には，カルテルと入札談合があります。

ウ × **公正取引委員会による行政処分**
独占禁止法に違反する事実が認められた場合，公正取引委員会は排除措置命令や課徴金納付命令を出すことができます。

正解　**ウ**

プラスの枝　解答

1 ○ **③不公正な取引方法**
公正な競争を阻害するおそれがあるもののうち，公正取引委員会が指定するものを「不公正な取引方法」といい，禁止されています。

2 × **②私的独占**
単独又は少数の企業が市場を支配している場合には，競争が停滞してしまいます。そこで，独占禁止法では，独占の状態を作り出したり，維持したりすることを，禁止しています。

3 ○ **④企業間の結合や集中の規制**
例えば，航空業界において大手航空会社が合併する際，大手企業数の減少により航空運賃の同調的な設定が容易になる等，競争が実質的に制限されるおそれがあるとき等です（独占禁止法9条等）。

4 ○ **①不当な取引制限**
本問と同義で，カルテル（不当な取引制限）の説明です。カルテルは価格を不当につり上げ，経済を停滞させるので禁止されています。

問題 6　20-7-2

ア〜ウを比較して，特許法と独占禁止法の関係に関して，最も適切と考えられるものはどれか。

- ア　独占禁止法には，特許法による権利の行使と認められる行為には適用されない旨が規定されている。
- イ　独占禁止法は，特許法による損害賠償請求権の行使と認められる行為には適用されないが，差止請求権の行使と認められる行為には適用される。
- ウ　独占禁止法は，特許法による権利の行使と認められる行為であっても特段例外についての規定はなく，適用される。

プラスの枝

適切なものに○をしなさい

1. ライセンサーがライセンシーに対し，ライセンス技術について自ら研究開発を行うことを禁止する行為は，独占禁止法上問題はない。
2. ライセンサーがライセンシーに対し，契約期間中及び契約終了後において，契約対象ノウハウの秘密性を保持する義務を課す行為は，独占禁止法上問題はない。
3. ライセンサーがライセンシーに対し，権利が消尽している特許ライセンス技術を用いた製品に関し，販売価格，販売地域，販売数量，販売先を制限する行為は，独占禁止法上問題はない。
4. ライセンサーがライセンシーに対し，ライセンス技術の利用期間，利用分野を限定する行為は，独占禁止法上問題はない。

独占禁止法と知的財産法

知的財産権の行使とみられる行為であっても，その行為が適法ではなく，著しく知的財産制度の趣旨を逸脱し，又は同制度の目的に反すると認められる場合は，独占禁止法が適用されます。問題は，どのような行為に独占禁止法が適用されるか，です。

問題6 解答

ア ○ 特許権行使
特許権の行使には独占禁止法の適用が除外されます（独占禁止法21条）。また，特許権の行使だけでなく，著作法，実用新案法，意匠法又は商標法による権利行使も独占禁止法の適用除外となります（独占禁止法21条）。

イ × 差止請求
差止請求権の行使も特許権の行使ですので，独占禁止法は適用されません（独占禁止法21条）。

ウ × 特許権行使
独占禁止法には，特許権による権利の行使と認められる行為については適用が除外される旨の規定があります（独占禁止法21条）。

正解 ア

プラスの枝　解答

1 × 研究開発活動の制限
ライセンシーの自由な研究開発活動を制限する行為は，技術市場における公正な競争を阻害し，不公正な取引方法に該当します。

2 ○ ノウハウの秘密保持義務
契約対象ノウハウの秘密性を保持する義務を課す行為は，公正な競争を阻害するものではなく，原則として不公正な取引方法に該当しません。

3 × 不公正な取引方法
権利が消尽しているライセンス技術を用いた製品に関し，販売地域，販売数量，販売先を制限する行為は，ライセンシーの事業活動の拘束に該当し，公正な競争を阻害する不公正な取引方法に該当します。

4 ○ 権利の一部の許諾
利用期間，利用分野の限定は，一般に権利の行使と認められ，原則として不公正な取引方法に該当しません。

問題 7　19-3-16

ア～ウを比較して，独占禁止法に関して，最も<u>不適切</u>と考えられるものはどれか。

- ア　特許権のライセンス契約において，ライセンスの期間及び地域を限定した場合，独占禁止法上の禁止行為に該当する可能性は高い。
- イ　パテントプールは有用である場合がある半面，独占禁止法上の問題とならないように注意する必要がある。
- ウ　カルテルとは，2以上の事業者が，価格や販売数量等を制限する合意や協定を結び，競争を実質的に制限することをいう。

プラスの枝

適切なものに○をしなさい

1. パテントプールへの参加を一定の条件を満たす者に制限することは，いかなる場合でも，独占禁止法上問題がある。
2. パテントプールに参加する者に対して，パテントプールを通す以外の方法でライセンスすることを認めないことは独占禁止法上問題がある。
3. 規格に係る特許についてパテントプールを通じてライセンスする際に，ライセンシーに対してライセンシーが有する特許等について他のライセンシーに対して権利行使しないよう義務付けることは，独占禁止法上問題がある。
4. 規格に係る特許についてパテントプールを通じてライセンスする際に，ライセンシーがライセンスを受けた特許の有効性について争う場合には，プールの参加者が共同でライセンス契約を解除する旨を取り決めることは，独占禁止法上問題がある。

テーマ解説　パテントプールに関する独占禁止法上の問題点

パテントプールとは，ある技術に権利を有する複数の者が，それぞれの所有する特許等のライセンスをする権限を一定の企業体や組織体に集中し，ここを通じて構成員等が必要なライセンスを受けるものをいいます。パテントプールの形成・運用に関しては，独占禁止法上いくつかの問題点がありますが，競争に及ぼす影響を総合的に検討した上で判断しなければなり

ません。

問題7　解答

ア　✗　実施許諾の範囲
特許権のライセンス契約では，ライセンスの地域・内容・期間を定めることができます。そのため，ライセンスの期間及び地域を限定した場合であっても，独占禁止法上の問題となる可能性は低いです。

イ　○　パテントプール
1つの製品に多数の特許が使用されている場合等は，ライセンス契約等の費用や時間が節約でき有用ですが，独占禁止法上の問題とならないように注意する必要があります。

ウ　○　カルテル
カルテルとは，2以上の事業者が，価格や販売数量等を制限する合意や協定を結び，競争を実質的に制限することをいいます。

正解　ア　　テキスト Part5 テーマ⑤

➕ プラスの枝　解答

1　✗　参加者に対する制限
制限の内容が，パテントプールを円滑に運営し，規格を採用する者の利便性を向上させるために合理的に必要と認められるものであり，競争を制限するものでない場合は，独占禁止法上問題とはなりません。

2　○　不当な取引制限
通常はパテントプールの円滑な運営に必要な制限とは認められず，製品市場及び技術市場における競争に及ぼす影響も大きいと考えられることから，独占禁止法上問題となるおそれがあります。

3　○　不当な取引制限
ライセンシーの有する代替特許の間の競争が制限される等，技術市場における競争が実質的に制限されるおそれがあり，不当な取引制限に該当します。

4　○　不当な取引制限
ライセンシーの事業活動に及ぼす影響が大きく，ライセンシーが，ライセンスを受けた特許の有効性を争う機会を失うおそれがあるため，独占禁止法上問題となるおそれがあります。

問題 8
19-11-3

ア～ウを比較して，弁理士の業務に関して，最も適切と考えられるものはどれか。

ア　弁理士は，他の弁理士と共同して特許出願の代理人になることはできない。
イ　弁理士は，著作権の売買契約に関する交渉の代理人になることができる。
ウ　弁理士は，単独で，特許侵害訴訟の訴訟代理を受任することができる。

プラスの枝

弁理士の独占業務として適切なものに○をしなさい

1　先行技術調査
2　国際出願の手続
3　特許の鑑定
4　意見書の提出
5　特許出願書類の翻訳

 テーマ解説 **弁理士の業務**

弁理士法では，弁理士が他人の求めに応じて報酬を得て行うことができる独占業務に関して定義されています。この規定は代理業務として行うことができるものであり，出願人等が自ら手続を行うことは問題ありません。
具体的には①特許，実用新案，意匠，商標に関する特許庁における手続，②国際出願，国際登録出願に関する特許庁における手続，③特許，実用新案，意匠，商標に関する異議申立て又は裁定に関する経済産業大臣に対する手続についての代理，④これらの手続に係る事項に関する鑑定です（弁理士法4条）。
これらの独占業務を弁理士資格のない者が業として行った場合，罰せられます（弁理士法75条，79条3号）。

不正競争防止法・独占禁止法・その他

問題8　解答

ア　✗　特許出願の共同代理
弁理士は特許出願等を行う場合に，他の弁理士と共同して代理人となることができます。

イ　〇　著作権の売買契約交渉の代理
この業務は弁理士の独占代理業務ではありませんが，弁理士は著作権の売買契約に関する交渉の代理人になることができます（弁理士法4条3項）。

ウ　✗　特許侵害訴訟
弁理士は，単独で特許侵害訴訟の訴訟代理人になることはできません。特定侵害訴訟代理業務を行うことができる弁理士であっても，弁護士と共同で侵害訴訟の代理人にならなければなりません（弁理士法6条の2）。

正解　イ

➕ プラスの枝　解答

1　✗　弁理士の独占業務としては不適切
先行技術調査は，弁理士の独占業務ではありません。この業務は，誰でも行うことができます。

2　〇　②国際出願，国際登録出願に関する特許庁における手続
国際出願（特許協力条約に基づく国際出願）に関する特許庁手続は，弁理士の独占業務として規定されています。

3　〇　④これらの手続に係る事項に関する鑑定
特許の鑑定業務は，弁理士の独占業務として規定されています。

4　〇　①特許，実用新案，意匠，商標に関する特許庁における手続
拒絶理由に対して意見書や補正書を提出する手続は，特許庁における手続に当たりますので，弁理士の独占業務になります。

5　✗　弁理士の独占業務としては不適切
特許出願書類の翻訳自体は，弁理士の独占業務ではありません。なお，翻訳された出願書類で特許庁における手続を行うことは弁理士の独占業務になりますので，弁理士資格を有していない者が業として行うことはできません。

問題 9

19-3-23

ア～ウを比較して，弁理士の業務に関して，最も<u>不適切</u>と考えられるものはどれか。

ア　弁理士は，単独で特許権のライセンス契約に関する交渉の代理人になることができる。

イ　弁理士は，国際出願に関する特許庁における手続の代理人になることができる。

ウ　弁理士は，単独で特許侵害訴訟の代理人になることができる。

➕ プラスの枝

適切なものに○をしなさい

1　弁理士は，特許に関する訴訟について，補佐人として陳述又は尋問をすることができる。

2　文化庁への著作権関係の登録は弁理士の独占業務である。

3　弁理士は，弁護士と共同で特定不正競争に関する訴訟について，代理人になれる。

4　弁理士は，特許侵害品輸入時における輸入差止手続の代理人になることができる。

テーマ解説　弁理士業務の拡大

知的財産に関する専門サービスに対するニーズが多様化する中，弁理士はその専門職として適確に対応することが求められており，ニーズに応じた業務範囲は年々拡大し，その範囲は関税法，著作権法，不正競争防止法に関する事務等にも及んでいます。

その中でも，知的財産権に関する契約締結交渉（ライセンス契約）の代理業務，知的財産権又は特定不正競争（不正競争防止法に規定されている不正競争のうち弁理士が取扱い可能なもの）に関する訴訟代理業務，関税法に基づく侵害品輸入差止手続の代理業務は，近年拡大された周辺業務の中で特に重要で，試験対策上でも重要なポイントです。

不正競争防止法・独占禁止法・その他

問題9　解答

ア　○　ライセンス契約
　弁理士は，単独で特許権のライセンス契約に関する交渉の代理人になることができます（弁理士法4条3項1号）。

イ　○　国際出願
　弁理士は，国際出願に関する特許庁における手続の代理人になることができます（弁理士法4条1項）。

ウ　✕　特許侵害訴訟
　弁理士は，単独で特許侵害訴訟の代理人になることはできません。特定侵害訴訟代理業務試験に合格して付記を受けた後であれば，弁護士と共同で訴訟代理人となることができます（弁理士法6条の2）。

正解　ウ

➕ プラスの枝　解答

1　○　補佐人として陳述又は尋問
　弁理士は，特許，実用新案，意匠もしくは商標，国際出願もしくは国際登録出願，回路配置又は特定不正競争に関する事項について，裁判所において，補佐人として，当事者又は訴訟代理人とともに出頭し，陳述又は尋問をすることができます（弁理士法5条1項）。

2　✕　行政書士の独占業務
　文化庁への著作権関係の登録は行政書士の独占業務です。

3　○　特定不正競争
　特定侵害訴訟代理業務試験に合格して弁理士登録原簿に付記を受け，かつ弁護士と共同であれば特定不正競争に関する訴訟について代理人になれます（弁理士法6条の2）。

4　○　弁理士の業務
　弁理士は，関税法に基づき特許侵害品の輸入時における輸入差止手続（認定手続等）の代理人になることができます（弁理士法4条2項1号）。

問題 10 19-7-14

アーウを比較して，種苗法において品種登録を受けるための要件の1つとして，最も適切と考えられるものはどれか。

- ア　進歩性
- イ　有用性
- ウ　均一性

プラスの枝

適切なものに○をしなさい

1. 繰り返し繁殖させた後においても特性の全部が変化しないことは，品種登録を受けるための要件の1つである。
2. 種苗法で対象となる植物は，農産物だけである。
3. 先願の品種登録出願であることは，品種登録を受けるための要件の1つである。
4. 同一の繁殖の段階に属する植物体のすべてが，特性の全部において十分に類似していることは，品種登録を受けるための要件の1つである。

テーマ解説　品種登録の要件

品種登録の要件として，種苗法では品種登録出願された品種に，①品種登録出願前に日本国内又は外国において公然に知られた他の品種と特性の全部又は一部によって明確に区別されること（区別性），②同一の繁殖の段階に属する植物体のすべてが特性の全部において十分に類似していること（均一性），③繰り返し繁殖させた後においても特性の全部が変化しないこと（安定性），が求められます（種苗法3条1項）。問題は，植物の新品種が保護を受けるのに必要な条件はどれか，です。

不正競争防止法・独占禁止法・その他

問題10　解答

ア　✗　進歩性
進歩性は特許を受けるための要件の1つです。品種登録を受けるための要件ではありません。

イ　✗　有用性
有用性は種苗法において品種登録を受けるための要件ではありません。

ウ　◯　均一性
同一の繁殖の段階に属する植物体のすべてが特性の全部において十分類似していることが必要です（種苗法3条1項2号）。その他にも種苗法において品種登録を受けるための要件としては区別性，安定性，未譲渡性等があります。

正解　ウ　　　Part5 テーマ3

➕ プラスの枝　解答

1　◯　③安定性
何世代も繁殖を繰り返しても同じ特性をもった品種ができなければ，品種登録を受けることができません（種苗法3条1項3号）。

2　✗　種苗法の保護対象
種苗法の保護対象は，農産物，林産物及び水産物の生産のために栽培される種子植物，しだ類，せんいた類，多細胞の藻類その他政令で定める植物です（種苗法2条1項）。基本的に，日本で栽培されている植物すべてが品種登録の対象になります。

3　◯　先願主義
種苗法でも先願主義が採用されていて，同一の品種又は特性により明確に区別されない品種について2以上の品種登録出願があったときは，最先の出願者に限り，品種登録を受けることができると定められています（種苗法9条1項）。

4　◯　②均一性
同一世代で色，形等の性質が同じであることが求められます。例えば品種登録出願された種から植物を育成して，生長した同一世代の植物の特性がバラバラではダメですということです（種苗法3条1項2号）。

問題 11
20-11-11

ア〜ウを比較して，育成者権に関して，最も適切と考えられるものはどれか。

- ア 育成者権者は，登録品種の名称を，業として独占的に利用する権利を専有する。
- イ 育成者権者の許諾を得ることなく登録品種の種苗を生産する行為は，育成者権を侵害する可能性がある。
- ウ 育成者権者から登録品種の種苗を譲り受けた後に，さらにその譲渡された種苗を第三者に譲渡する行為は，育成者権を侵害することになる。

プラスの枝

適切なものに○をしなさい

1. 育成者権の存続期間は，品種によっては品種登録の日から30年存続するものがある。
2. 育成者権の存続期間は，更新することができる。
3. 育成者権が侵害された場合には，差止請求権を行使することができる。
4. 育成者権は，品種登録された品種と類似する品種にも効力が及ぶ。
5. 育成者権者は，他人に通常利用権を許諾することができる。

テーマ解説 育成者権

育成者権とは，品種登録を行った者に与えられる独占排他的な権利で，育成者は，登録品種等を業として利用する権利を専有します（種苗法20条1項）。その存続期間は品種登録の日から25年です。
育成者権も特許権等と同じく「財産上の権利」であり，侵害を受けた場合には同様の救済措置を受けることができます。
また，特許権における「専用実施権」や「通常実施権」に当たる，「専用利用権」，「通常利用権」を設定・許諾することもできます。なお，専用利用権を設定した場合には，育成者権者といえども設定した範囲内での品種登録の利用はできなくなります。

問題11　解答

ア ✗ 登録品種の名称
育成者権者は登録品種の名称を，業として独占的に利用する権利を専有しません。むしろ，登録品種を業として譲渡する場合には，育成者権であるか否かにかかわらず，必ずその登録品種の名称を使用して取引しなければなりません（種苗法22条1項）。

イ ○ 育成者権の効力
育成者権者は，品種登録を受けている品種を業として利用する権利を専有しますので，育成者権者の許諾なく登録品種の種苗を業として生産する行為は，育成者権を侵害する可能性があります（種苗法20条1項）。

ウ ✗ 育成者権の消尽
育成者権者から適法に登録品種の種苗を譲り受けた場合，その種苗については育成者権の効力が及びません（種苗法21条4項）。そのため，その譲渡された種苗を第三者に譲渡しても育成者権の侵害とはなりません。

正解　イ　　Part5 テーマ3

➕ プラスの枝　解答

1 ○ 育成者権の存続期間
林木，観賞樹，果樹等の永年性植物の場合，育成者権の存続期間は品種登録の日から30年となります。

2 ✗ 育成者権は更新不可
育成者権を更新することはできません。

3 ○ 育成者権の侵害
育成者権を侵害された場合には，差止請求権を行使することができます。その他にも，損害賠償請求権等を行使することができます。

4 ○ 育成者権の効力
育成者権者は品種登録を受けている品種及び当該登録品種と特性により，明確に区別されない品種を業として利用する権利を専有すると規定されています（種苗法20条1項）。したがって，品種登録された品種だけでなく，その品種と類似する品種にも育成者権の効力が及ぶことになります。

5 ○ 育成者権の利用権
育成者権者は，その育成者権について他人に通常利用権を許諾することができます（種苗法26条1項）。

予想問題

ア〜エを比較して，地理的表示法の記載に関して，最も適切と考えられるものはどれか。

- ア 地理的表示の保護の申請は，特許庁長官に対して行う。
- イ 地理的表示の保護の申請は，農林水産大臣に対して行う。
- ウ 地理的表示の保護の申請は，文化庁長官に対して行う。

適切なものに○をしなさい

1 地理的表示法は，生産業者の利益の増進と需要者の信頼の保護を図ることを目的としている。
2 地理的表示の保護の申請は，個人でも行うことができる。
3 地理的表示の登録は，存続期間は登録から20年間である。
4 地理的表示法の保護対象は，農林水産物及びその加工品の名称である。

テーマ解説 地理的表示法

地理的表示法は，特定の産地と品質等の面で結び付きのある農林水産物・食品等の産品の名称（地理的表示）を知的財産として保護し，もって，生産業者の利益の増進と需要者の信頼の保護を図ることを目的としています。地理的表示法の保護対象は，農林水産物や農林水産物の加工品の名称で，保護を申請する場合には，農林水産大臣に申請します。地理的表示の登録は更新等がなく，登録が取り消されない限り存続します。

問題12 解答

ア ✗　イ ◯　ウ ✗

地理的表示の保護の申請は農林水産大臣に行います。保護申請が行われた場合には，審査を経て農林水産大臣が登録可否を判断します。登録された場合には，登録免許税を納付する必要があります。

プラスの枝　解答

1　◯　**地理的表示法の目的**
　　地理的表示法は，特定の産地と品質等の面で結び付きのある農林水産物・食品等の産品の名称（地理的表示）を知的財産として保護し，もって，生産業者の利益の増進と需要者の信頼の保護を図ることを目的としています。

2　✗　**申請人適格**
　　地理的表示の保護の申請は，農林水産物の生産者団体や加工業者団体等の団体であればすることができます。個人で地理的表示の保護の申請をすることはできません。なお，団体であれば法人格の有無を問わず地理的表示の保護を申請することができます。

3　✗　**存続期間**
　　地理的表示の登録は存続期間は定められておらず，登録が取り消されない限り存続します。

4　◯　**地理的表示法の保護対象**
　　地理的表示法の保護対象は，農林水産物や農林水産物の加工品の名称です。

基本の知識をチェック！

次の文章は，正しいか，誤っているか。

1 不正競争防止法に規定されている営業秘密の要件には，秘密管理性，有用性，創作性，非公知性がある。

2 日本国内で最初に販売した日から３年を経過していれば，他人の商品の形態を模倣した商品の譲渡であっても，不正競争行為には該当しない。

3 競争関係にない他人の営業上の信用を害する虚偽の事実を告知する行為は，不正競争防止法上の不正競争行為である。

4 特許権や商標権の行使と認められる行為であっても，独占禁止法で禁止される行為に該当する。

5 ライセンサーがライセンシーに対し，特許ライセンス対象製品の販売価格を制限する行為は，独占禁止法上問題がある。

6 弁理士は，特定侵害訴訟について，司法書士とともに訴訟代理人となることができる。

7 意匠図面の作成は，弁理士の独占業務である。

8 特許料の納付手続の代理業務は，弁理士の独占業務である。

9 育成者権者から第三者に登録品種等の加工品が譲渡された場合，その加工品の利用には，育成者権者の効力は及ばない。

10 育成者権の存続期間は，原則として品種登録出願の日から25年である。

11 農業者の自家増殖には，原則として育成者権の効力は及ばない。

不正競争防止法・独占禁止法・その他

解答と解説

✗ 不正競争防止法に規定されている営業秘密の要件は、秘密管理性、有用性、非公知性の3つです。

○ 日本国内において最初に販売された日から起算して3年を経過した商品について、その商品の形態を模倣した商品を譲渡等する行為は、不正競争行為に該当しません。

✗ 不正競争防止法上の不正競争行為として規定されているのは、競争関係にある場合です。

✗ 独占禁止法の規定は、著作権法、特許法、商標権等による権利の行使と認められる行為には適用されません。

○ 特許ライセンス対象製品の販売価格を制限する行為は、特許権の行使とは認められず、不公正な取引方法等に該当する可能性があり、独占禁止法上問題があります。

✗ 弁理士は、弁護士のみと共同で特定侵害訴訟の代理人になることができます。

✗ 意匠図面の作成は、弁理士の独占業務として規定されていません。

✗ 特許料の納付手続の代理業務は、弁理士の独占業務として規定されていません。

○ 登録品種の育成者権の効力は、その譲渡された種苗、収穫物又は加工品の利用には及びません。

✗ 育成者権の存続期間は、原則として品種登録の日から25年です。

○ 農業者の自家増殖には、原則として育成者権の効力は及びません。

過去問に チャレンジ！

問1 　　　　　　　　　　　　　　　19-11-4

ア～ウを比較して，育成者権の効力に関して，最も適切と考えられるものはどれか。

　ア　育成者権者は，品種登録を受けた品種の名称について独占的に商標権を取得することができる。
　イ　育成者権の効力は，登録品種の種苗を利用する行為にのみ及び，登録品種の収穫物を利用する行為には，育成者権の効力が及ぶことはない。
　ウ　農業を営む者の自家増殖には，育成者権の効力が原則として及ばない。

問2 　　　　　　　　　　　　　　　20-7-16

ア～ウを比較して，不正競争防止法における限定提供データに関する次の文章の空欄　1　～　3　に入る語句の組合せとして，最も適切と考えられるものはどれか。

限定提供データとは，業として特定の者に提供する情報として　1　により　2　され，及び管理されている技術上又は営業上の情報（　3　を除く。）をいう。

　ア　1 ＝技術的手段　　　　2 ＝蓄積
　　　3 ＝事業活動に有用でないもの
　イ　1 ＝情報通信手段　　　2 ＝収集
　　　3 ＝公然と知られているもの
　ウ　1 ＝電磁的方法　　　　2 ＝相当量蓄積
　　　3 ＝秘密として管理されているもの

正解 ウ

- ア ✗ 品種登録を受けた名称については，商標登録を受けることができません（商標法4条1項14号）。
- イ ✗ 育成者権の効力は，登録品種の種苗を利用する行為だけでなく，登録品種の収穫物を利用する行為にも及びます（種苗法2条5項2号）。
- ウ ○ 農業を営む者の自家増殖には，育成者権の効力が原則として及びません（種苗法21条2項）。

もう一度check! ▶ 問題 ⑩

正解 ウ

ア ✗ イ ✗ ウ ○

限定提供データとは，業として特定の者に提供する情報として電磁的方法により相当量蓄積され，及び管理されている技術上又は営業上の情報（秘密として管理されているものを除く。）をいいます（不正競争防止法2条7項）。

もう一度check! ▶ 問題 ①

過去問に チャレンジ！

問3   21-3-19

ア～ウを比較して，不正競争防止法に関して，最も適切と考えられるものはどれか。

- **ア** 不正競争防止法における不正競争の定義は，パリ条約における不正競争行為の定義と同じである。
- **イ** 不正競争防止法は，不正な競争が行われることを防止して，文化の発展に寄与することを目的とする。
- **ウ** 不正競争防止法には，差止請求できる権利が規定されるとともに，罰則についても規定されている。

問4   20-7-26

ア～ウを比較して，不正競争防止法における，いわゆる著名表示冒用行為に関して，最も<u>不適切</u>と考えられるものはどれか。

- **ア** 他人の著名な商品等表示には，業務に係る氏名，商号，商標，標章，商品の容器，包装だけでなく，音や物品の形態も含まれる。
- **イ** 単に商品等表示を使用しただけでなく，実際に他人の商品や営業と混同が生じている場合でなければ著名表示冒用行為に該当しない。
- **ウ** 他人の著名な商品等表示と類似するもののみを使用した場合にも，著名表示冒用行為に該当することがある。

不正競争防止法・独占禁止法・その他

> 正解　ウ

- ア　✗　不正競争防止法における不正競争の定義は，パリ条約における不正競争行為の定義と同じではありません。
- イ　✗　不正競争防止法は，事業者間の公正な競争及びこれに関する国際約束の的確な実施を確保するため，不正競争の防止及び不正競争に係る損害賠償に関する措置等を講じ，もって国民経済の健全な発展に寄与することを目的としています（不正競争防止法1条）。
- ウ　○　不正競争防止法には違反者に対して差止請求できる権利が規定されるとともに，罰則についても規定されています。（不正競争防止法3条，21条）。

> 正解　イ

- ア　○　商品等表示は，商品の出所又は営業の主体を示す表示をいいますので，業務に係る氏名，商号，商標，標章，商品の容器，包装だけでなく，商品の形態や音，香り，物品の形態等も含まれます。
- イ　✗　著名表示冒用行為については，混同が生じていなくても商品等表示を使用しただけで不正競争行為に該当します（不正競争防止法2条1項2号）。
- ウ　○　他人の著名な商品等表示と同一のものだけでなく，類似するものを使用した場合にも著名表示冒用行為に該当します（不正競争防止法2条1項2号）。

211

過去問に チャレンジ！

問5　18-11-16

ア〜ウを比較して，不正競争防止法に規定される不正競争行為のうち，他人の商品等と混同を生じさせることを要件とする行為として，最も適切と考えられるものはどれか。

　　ア　他人の周知な商品等表示を使用する行為
　　イ　競争関係にある他人の営業上の信用を害する虚偽の事実を流布する行為
　　ウ　他人の商品の形態を模倣した商品を譲渡する行為

問6　19-7-23

ア〜ウを比較して，弁理士法に関して，最も**不適切**と考えられるものはどれか。

　　ア　弁理士でない者であっても，特許料の納付の代理を業として行うことができる。
　　イ　特許業務法人は，弁理士の業務を行うことができる。
　　ウ　弁理士は，裁判外紛争解決手続の代理はできない。

不正競争防止法・独占禁止法・その他

正解　ア

- ア ○ 他人の周知な商品等表示を使用する行為は，他人の商品等と混同を生じさせることを要件とする行為です（不正競争防止法2条1項1号）。
- イ × 競争関係にある他人の営業上の信用を害する虚偽の事実を流布する行為は，不正競争行為ですが，他人の商品と混同を生じさせることを要件とする行為ではありません（不正競争防止法2条1項15号）。
- ウ × 他人の商品の形態を模倣した商品を譲渡する行為は，不正競争行為ですが，他人の商品と混同を生じさせることを要件とする行為ではありません（不正競争防止法2条1項3号）。

もう一度check! ▶ 問題

正解　ウ

- ア ○ 特許料の納付手続についての代理は，弁理士でなくても他人の求めに応じ報酬を得て行うことができます。
- イ ○ 特許業務法人は，弁理士の業務を行うことができます（弁理士法40条）。
- ウ × 弁理士は，裁判外紛争解決手続の代理を業として行うことができます（弁理士法4条2項2号）。

もう一度check! ▶ 問題

213

過去問に チャレンジ！

問7　18-7-22

ア〜**ウ**を比較して，独占禁止法に違反するおそれが低いと考えられる行為として，最も**不適切**と考えられるものはどれか。

- **ア**　特許ライセンス対象製品の販売地域を限定する行為
- **イ**　特許ライセンス対象製品の販売期間を限定する行為
- **ウ**　特許ライセンス対象特許権の存続期間の満了後もロイヤルティを要求する行為

問8　18-11-5改題

ア〜**ウ**を比較して，契約に関して，最も適切と考えられるものはどれか。

- **ア**　口頭のみで書面を作成しない契約は無効である。
- **イ**　詐欺や強迫による意思表示によって成立した契約は取り消すことはできない。
- **ウ**　錯誤に基づく契約は取り消すことができる。

214

不正競争防止法・独占禁止法・その他

正解　ウ

- ア　○　ライセンサーがライセンシーに対し，特許ライセンス対象製品の販売地域を限定する行為は，原則として不公正な取引方法に該当しません。
- イ　○　ライセンサーがライセンシーに対し，特許ライセンス対象製品の販売期間を限定する行為は，原則として不公正な取引方法に該当しません。
- ウ　✗　ライセンサーがライセンシーに対し，特許ライセンス対象特許権の存続期間の満了後もロイヤルティを要求する行為は，ライセンシー等の競争手段に制約を加えるものなので，不公正な取引方法に該当するおそれが高いです。

正解　ウ

- ア　✗　書面を作成せず，口頭のみであっても意思表示が合致すれば契約は有効に成立します。
- イ　✗　詐欺又は強迫による意思表示によって成立した契約は，取り消すことができます（民法96条）。
- ウ　○　錯誤に基づく契約は取り消すことができます（民法95条）。

215

過去問に チャレンジ！

問9 `18-7-29`

ア～ウを比較して，品種登録の要件に関して，最も**不適切**と考えられるものはどれか。

ア　出願品種について，同一の繁殖の段階に属する植物体のすべてが特性の全部において十分に類似していない場合は，品種登録を受けることができない。

イ　出願品種の種苗又は収穫物が，日本国内において，品種登録出願の日から1年6カ月前に，業として譲渡されていた場合でも，品種登録を受けることができる。

ウ　出願品種の種苗が，出願前に外国で公知であった他の品種と特性の全部によって明確に区別できない場合は，品種登録を受けることができない。

問10 `19-3-7`

ア～ウを比較して，契約内容が実行されない場合（債務不履行）の措置に関して，最も適切と考えられるものはどれか。

ア　強制的に履行を実現させるために，裁判所に履行の強制を申し立てることはできない。

イ　債務不履行により生じた損害について，債務者に対してその賠償を請求することができる。

ウ　自力で債務者に対してその履行を強制することができる。

正解 イ

- ア ○ 同一の繁殖の段階に属する植物体のすべてが特性の全部において十分に類似していない場合は，均一性の要件を満たすことができず品種登録を受けることができません（種苗法3条1項2号）。
- イ × 出願品種の種苗又は収穫物が，日本国内において，品種登録出願の日から1年以上前に，業として譲渡されていた場合，未譲渡性の要件を満たすことができず品種登録を受けることができません（種苗法4条2項）。
- ウ ○ 出願前に外国で公知であった他の品種と特性の全部によって明確に区別できない場合は，区別性の要件を満たすことができず品種登録を受けることができません（種苗法3条1項1号）。

正解 イ

- ア × 債務者が債務の履行をしないときは，債権者は，その強制履行を裁判所に請求することができます（民法414条）。
- イ ○ 債務不履行により生じた損害について，債務者に対してその賠償を請求することができます（民法415条）。
- ウ × 裁判等をせずに実力をもって履行を強制すること（自力救済）は禁止されています。

過去問に チャレンジ！

問11　　　　　　　　　　　　　　　　　　　　20-7-29

ア～ウを比較して，弁理士法における弁理士が他人の求めに応じ報酬を得て行うことができる独占業務とされているものとして，最も適切と考えられるものはどれか。

　ア　特許料の納付手続
　イ　特許原簿への登録申請手続
　ウ　特許出願の手続

問12　　　　　　　　　　　　　　　　　　　　19-7-28

ア～ウを比較して，特許ライセンス，共同開発に関して，独占禁止法上において問題となる可能性が低い行為として，最も適切と考えられるものはどれか。

　ア　ライセンスを受けた者が開発した技術を，特許権者に対して専用実施権を設定することを義務づける行為
　イ　特許発明に係る製品のライセンスを受けた者に対し，販売価格を制限する行為
　ウ　共同開発の成果の第三者への実施許諾を制限する行為

不正競争防止法・独占禁止法・その他

> 正解　ウ

ア　✗　特許料の納付手続は弁理士の独占業務ではありません（弁理士法75条かっこ書）。
イ　✗　特許原簿への登録申請手続は弁理士の独占業務ではありません（弁理士法75条かっこ書）。
ウ　○　特許出願の手続は弁理士の独占業務です（弁理士法75条）。

> 正解　ウ

ア　✗　ライセンスを受けた者（ライセンシー）が開発した技術を，特許権者に対して専用実施権を設定することを義務づける行為は，技術市場又は製品市場における特許権者の地位を強化し，ライセンシーの研究開発意欲を損なうものですので，独占禁止法上において問題となる可能性が高いです。
イ　✗　ライセンス技術を用いた製品の販売価格を制限することは，ライセンシー等の競争手段に制約を加えるものですので，独占禁止法上において問題となる可能性が高いです。
ウ　○　共同開発の成果を第三者に実施許諾を制限することは独占禁止法上問題になる可能性が低いです。

219

Part6

条　約

Introduction

自社で行った「発明」について「特許」を取得したのに，海外で模倣されて販売されているらしい！国内において知的財産が保護されたとしても，海外で保護されないようでは知的財産保護の目的は達成できません。このため各国との間で国際条約や国際協定を締結し，国際的な知的財産の保護を図っています。主な条約について学習しましょう。

ア〜ウを比較して，パリ条約に関して，最も適切と考えられるものはどれか。

- ア 優先権の主張の基礎となる第一国の特許出願を取り下げた場合には，優先権の主張を伴う特許出願をした他の同盟国において特許出願が無効となる。
- イ 同盟国の国民は，優先権の主張の基礎となる第一国の特許出願を，自国の特許庁ではなく，他の同盟国の特許庁へ出願することができる。
- ウ 同盟国間に不平等が生じないよう，各同盟国の特許要件は同じである。

プラスの枝

適切なものに○をしなさい

1. パリ条約の同盟国においては，同一の発明が同盟国の一国で権利を取得すれば，同盟国にその効力は及ぶ。
2. パリ条約の同盟国においては，優先権の主張は同盟国のある一国への出願から特許・実用新案においては12カ月以内，意匠と商標は6カ月以内に行わなければならない。
3. パリ条約の同盟国においては，同盟国の国民は，互いにその国の国民と同一の保護を受け，法律上の救済を平等に受けられる。
4. パリ条約の保護の対象は，特許，実用新案，意匠，商標に限られる。

テーマ解説　パリ条約　

特許法は国毎に存在し，その効力は，その国の領域内に限られます。したがって，世界中で特許を取得したい場合は，各国に手続をとる必要があります。パリ条約は，各国の特許法等を調節することを目的とし，知的財産を世界的に保護するために，共通の原則を作り上げたものです。重要な原則として，①内国民待遇の原則，②優先権制度，③特許独立の原則，のいわゆる3大原則があります。

条約

問題1　解答

ア　✗　優先権
パリ条約の優先権では，同盟国でされた正規の国内出願は，結果のいかんを問わず優先権が発生します（パリ条約4条A）。
そのため，基礎となった特許出願が拒絶，取り下げ等されても優先権の効力を失いません。

イ　○　第一国出願
優先権の主張の基礎となる第一国の特許出願は，同盟国への出願であればよく，自国の特許庁ではなく他の同盟国の特許庁へ出願することができます。

ウ　✗　特許要件
各同盟国には、それぞれ独自の特許要件が定められています。同盟国であるからといって，特許要件が同じではありません。
ただし，同盟国民間に不公平がないように，パリ条約では内国民待遇の原則が定められています（パリ条約2条）。

正解　イ

プラスの枝　解答

1　✗　③特許独立の原則
同一の発明が同盟国の複数の国で権利になっていても，その権利は互いに独立し，相互に干渉しあいません。つまり，1つの同盟国で権利がとれても，他の同盟国で権利が得られるわけではありません。逆に，ある国で特許が拒絶や無効になっても，他の国で拒絶や無効になることはありません。

2　○　②優先権制度
パリ条約の同盟国における優先権の主張は，同盟国のある一国への出願から特許・実用新案においては12カ月以内，意匠と商標は6カ月以内と定められています。

3　○　①内国民待遇の原則
パリ条約の同盟国においては，同盟国の国民は，その国の国民と同一の保護を受け，法律上の救済を平等に受けられます（パリ条約2条(1)）。これを内国民待遇の原則といいます。

4　✗　パリ条約の保護対象
パリ条約の保護の対象は，特許，実用新案，意匠，商標だけでなく，サービスマーク，商号，原産地表示又は原産地名称，及び不正競争防止法に関するものと，広範に及びます。

問題 2 20-7-28

ア〜ウを比較して，特許協力条約（PCT）に規定される制度として，最も<u>不適切</u>と考えられるものはどれか。

- ア　国際審査請求制度
- イ　国際調査制度
- ウ　国際予備審査制度

 プラスの枝

適切なものに○をしなさい

1　国際出願は，1つの所定の言語で作成した1つの国際出願を，1つの受理官庁へ提出することにより，複数の指定国へ同一の出願日に出願したことと同じ効果が得られる。

2　国際調査は，国際出願の発明の詳細な説明に記載された発明について，関連ある先行技術を発見することが目的である。

3　国際予備審査は，国際出願の請求の範囲に記載された発明について，新規性，進歩性，産業上の利用可能性を有するか否かについて，予備的かつ拘束力のない見解を示すことが目的である。

テーマ解説　特許協力条約（PCT）

特許協力条約の目的は，国際特許出願制度を創設して，出願手続を共通化，簡素化，又は各国の特許庁の審査や特許情報を共有化して，各国特許庁の重複した審査負担を軽減しようとするものです（PCT 3条）。例えば，日本人が出願を希望する複数の外国を指定して，日本の特許庁に日本語で国際出願できます。その後一定期間内にその指定国へ国内移行すればよいのです。こうして国際出願の簡素化が図られています。そのため，国内出願の束ともいわれています。手続の流れは順に，国際段階の国際出願，国際調査，国際公開，国際予備審査から，国内段階の指定国内移行手続へ進んで

> きます。なお，国際予備審査は，出願人の請求によって行われます。

問題2 解答

ア ✗ **国際審査請求制度**
特許協力条約では，国際審査請求制度という制度は規定されていません。

イ ○ **国際調査制度**
特許協力条約では，国際調査制度が定められています（PCT15条等）。国際調査は国際出願がされると請求等をしなくても行われます。

ウ ○ **国際予備審査制度**
特許協力条約では，国際予備審査制度が定められています（PCT31条等）。国際予備審査は，出願人から請求がなければ行われません。

正解 ア

プラスの枝 解答

1 ○ **国際出願の効果**
国際出願は，各指定国への正規の国内出願の効果を有し，各指定国における実際の出願日となります（PCT11条（3））。仮に日本で出願した場合は，日本語で作成した国際出願で，例えばアメリカ，イタリア，フランスと指定して日本の特許庁へ提出すると，各国へ出願したことになり，日本国特許庁への出願日が各国への出願日となります。

2 ✗ **国際調査の目的**
国際調査は，国際出願の「請求の範囲」に記載された発明について，関連ある先行技術を発見することが目的です。なお，国際出願はすべて国際調査の対象となり，国際調査機関が各国の特許庁を代表して先行技術の調査を行います（PCT15条）。

3 ○ **国際予備審査の目的**
国際予備審査とは，国際出願において，出願を行う国々における正式な審査プロセスの前に受けられる予備的な審査のことです。請求は日本では特許庁に行い，日本語での審査が可能です。国際予備審査は，出願人が出願とは別に，優先日から22カ月あるいは国際調査報告等から3カ月のいずれか遅い方までの期間に予備審査の請求をしたときに，国際予備審査機関で行われます（PCT31条，PCT規則54の2）。

基本の知識を チェック！

次の文章は，正しいか，誤っているか。

1 パリ条約の３大原則は，優先権制度，特許独立の原則，最恵国待遇である。

2 パリ条約の優先権を主張する場合，最先の特許出願の日から12カ月以内であれば，外国へ特許出願をすることができる。

3 国際調査は，国際出願の「請求の範囲」に記載された発明について，関連ある先行技術を発見することが目的である。

4 国際調査は，出願人の請求によって行われる。

5 国際出願の出願人は，国際調査報告や国際調査見解書を受け取った後，発明の詳細な説明について１回に限り補正をすることができる。

6 国際出願の内容は，原則として優先日から18カ月経過後に国際公開される。

7 国際予備審査は，出願人の請求によって行われる。

8 TRIPS協定において保護の対象となるのは特許権に限られる。

条　約

解答と解説

✗ パリ条約の３大原則は，優先権制度，特許独立の原則，内国民待遇の原則です。

◯ パリ条約の優先権の優先期間は，最先の特許出願の日から12カ月です。

◯ 国際調査は，国際出願の「請求の範囲」に記載された発明について，関連ある先行技術を発見することが目的です。

✗ 国際出願は，すべて国際調査の対象となり，国際調査機関が各国の特許庁を代表して先行技術の調査を行います。

✗ 出願人が１回に限り補正できるのは，「請求の範囲」です。

◯ 国際出願の内容は，国際調査報告とともに，原則として優先日から18カ月経過後に国際公開されます。

◯ 国際予備審査は，出願人の請求によって，国際出願についての新規性，進歩性及び産業上の利用可能性についての審査が行われます。

✗ TRIPS協定では，特許権だけでなく，著作権，商標権等の知的財産権を包括的に保護することを目的としています。

過去問に チャレンジ！

問1
19-3-21

ア～ウを比較して，パリ条約に基づく優先権に関して，最も適切と考えられるものはどれか。

ア　パリ条約に基づく優先権を主張して，外国に意匠登録出願をすることができる期間は，最先の意匠登録出願の日から12カ月である。

イ　パリ条約に基づく優先権を主張して，外国に特許出願をする場合には，最先の特許出願が公開される前までに行わなければならない。

ウ　パリ条約に基づく優先権を主張して，外国に特許出願をすることができる期間は，最先の特許出願の日から12カ月である。

問2
19-7-18

ア～ウを比較して，特許協力条約（PCT）における国際出願の国際公開の時期として，最も適切と考えられるものはどれか。

ア　優先日から12カ月経過後

イ　優先日から30カ月経過後

ウ　優先日から18カ月経過後

条約

正解　ウ

- ア ✗ 優先期間は，特許・実用新案については12カ月ですが，意匠については6カ月です（パリ条約4条C）。
- イ ✗ 優先期間内に特許出願すればパリ条約に基づく優先権を主張することができます。出願公開の有無は関係ありません。
- ウ ○ 優先期間は，特許・実用新案については最先の特許出願の日から12カ月です。

正解　ウ

ア ✗　イ ✗　ウ ○

国際出願の国際公開の時期は，優先日から18カ月経過後です。なお，パリ条約の優先期間が優先日から12カ月，国際出願の国内移行期限が優先日から30カ月です。

過去問に チャレンジ！

問3
19-3-27

ア～ウを比較して，特許協力条約（PCT）における国際出願の手続に関して，最も**不適切**と考えられるものはどれか。

- ア　国際調査報告は，出願人及び国際事務局に送付される。
- イ　国際出願することによって，複数の指定国において有効な一の特許権を得ることができる。
- ウ　国際出願として，各国で審査を受けるためには，優先日から30カ月以内に国内移行手続をしなければならない。

問4
20-11-18

ア～ウを比較して，特許協力条約（PCT）において規定されている制度に関して，国際事務局が行うものとして，最も**不適切**と考えられるものはどれか。

- ア　国際予備審査
- イ　国際出願の受理
- ウ　国際公開

問5
18-11-7

ア～ウを比較して，特許協力条約（PCT）に基づく国際出願における国際調査に関して，最も**不適切**と考えられるものはどれか。

- ア　国際調査は，明細書及び図面に妥当な考慮を払った上で，請求の範囲に基づいて行われる。
- イ　各国際出願は，国際調査の対象とされる。
- ウ　国際調査は，出願人が所定の期間内に国際調査機関に対して国際調査の請求を行うことにより開始される。

条約

正解　イ

- ア ○ 国際調査報告は，出願人及び国際事務局に送付されます。
- イ ✗ 国際出願は多数国に対する特許出願の束のようなものです。国際出願をした後，各国で審査を受けて特許権を得る必要があります。多数国に効力を及ぼす一の特許権を得られる制度ではありません。
- ウ ○ 国際出願をして，優先日から30カ月以内に国内移行手続をすれば，各国での審査手続を経て，特許権を得ることができます。

正解　ア

- ア ✗ 国際予備審査は，国際予備審査機関によって行われます（PCT32条(1)）。
- イ ○ 国際事務局に直接出願書類を送付すれば，国際事務局により国際出願の受理が行われます。
- ウ ○ 国際公開は国際事務局により行われます（PCT21条）。

正解　ウ

- ア ○ 国際調査は，明細書及び図面に妥当な考慮を払った上で，請求の範囲に基づいて行われます（PCT15条(3)）。
- イ ○ 各国際出願は，国際調査の対象とされます（PCT15条(1)）。
- ウ ✗ 国際調査は，出願人が請求を行わなくても開始されます。

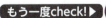

231

過去問に チャレンジ！

問6　　　　　　　　　　　　　　　　　　　　　　19-7-6

ア～ウを比較して，わが国が加盟している条約又は協定に関する次の文章の空欄　1　に入る語句として，最も適切と考えられるものはどれか。

　　1　は，各国で異なる国内での特許出願手続を最低限に統一し，簡素化することで，出願人の負担を軽くすることを狙いとした条約であり，日本では平成28年6月に効力が発生した。

- ア　特許法条約（PLT）
- イ　知的所有権の貿易関連の側面に関する協定（TRIPS協定）
- ウ　特許協力条約（PCT）

問7　　　　　　　　　　　　　　　　　　　　　　19-11-10

ア～ウを比較して，パリ条約の優先権制度に関して，最も<u>不適切</u>と考えられるものはどれか。

- ア　優先期間は，実用新案，意匠のいずれについても6カ月である。
- イ　パリ条約の同盟国にした最初の第1国出願に基づいて，優先期間内に他の同盟国にパリ条約上の優先権を主張して第2国出願をした時には，当該第2国出願に係る発明の新規性などの登録要件は，第1国出願の時点で判断される。
- ウ　パリ条約に規定された優先期間は，同盟国の事情により短縮することはできない。

正解　ア

ア ○　イ ×　ウ ×

特許法条約（PLT）は，各国で異なる国内での特許出願手続を最低限に統一し，簡素化することで，出願人の負担を軽くすることを狙いとした条約で，日本では平成28年6月に効力が発生しました。
なお，知的所有権の貿易関連の側面に関する協定（TRIPS協定）は知的財産権の貿易に関連する規定について定めており，特許協力条約（PCT）は，国際出願を行うことにより，特許協力条約加盟国の全ての国に同時に出願したことと同じ効果が得られる制度です。

正解　ア

ア ×　優先期間は，特許出願又は実用新案登録出願については12カ月，意匠登録出願又は商標登録出願については6カ月となります（パリ条約4条C（1））。
イ ○　パリ条約上の優先権を主張して第2国出願をした時には，第2国出願に係る発明の新規性などの登録要件は，第1国出願の時点で判断されます。
ウ ○　パリ条約に規定された優先期間は，同盟国の事情により短縮することはできません。

233

過去問に チャレンジ！

問8
21-3-27

ア～ウを比較して，特許協力条約（PCT）に基づく国際出願に関して，最も適切と考えられるものはどれか。

ア　出願人は，国際出願日から18カ月以内に国際公開の請求をしなければならない。

イ　出願内容は，優先日から18カ月経過後に各国際調査機関により国際公開される。

ウ　出願人は，国内移行手続をするためには，原則として優先日から30カ月を経過する時までに各指定官庁に対し，所定の翻訳文を提出しなければならない。

問9
19-11-6

ア～ウを比較して，特許協力条約（PCT）の利点に関して，最も適切と考えられるものはどれか。

ア　締約国で登録された特許権について，国際事務局を通じて一元管理できる。

イ　保護を求める締約国における審査が，希望する1カ国で統一して行われる。

ウ　PCT締約国のいずれか1カ所の所定の管轄受理官庁に所定の要件を満たす出願をすれば，国際出願日が認められる。

条　約

正解　ウ

- ア　✗　国際出願を行うと，出願人から請求等がなくても国際出願日（優先日）から18カ月経過後に国際事務局によって国際公開が行われます（PCT21条（1））。出願人が国際公開の請求をする必要はありません。
- イ　✗　国際出願を行うと，優先日から18カ月経過後に国際事務局によって国際公開が行われます（PCT21条（1））。各国際調査機関により行われるわけではありません。
- ウ　○　各指定国に国内移行手続をする場合には，優先日から30カ月以内に各指定国官庁に対し，所定の翻訳文を提出しなければなりません（PCT22条（1））。

正解　ウ

- ア　✗　締約国で登録された特許権はそれぞれの国で管理する必要があります。国際事務局を通じて一元管理できるわけではありません。
- イ　✗　保護を求める締約国における審査は，各国独自に行われます。
- ウ　○　PCT締約国のいずれか1カ所の所定の管轄受理官庁に所定の要件を満たす出願をすれば，国際出願日が認められます（PCT11条（1））。

＜執筆者紹介＞

栢原崇行（かやはら・たかゆき）

1980 年栃木県生まれ。日本大学工学部卒業後、日本炭
酸瓦斯株式会社に入社。高圧ガス容器関連の設計開発
業務に携わる。現在は、都内特許事務所で主に特許関
連業務に従事する。平成 26 年弁理士登録。

2021-2022年版
知的財産管理技能検定® 3級 学科 スピード問題集

（2016年度版 2015年8月15日 初版 第1刷発行）
2021年9月9日 初 版 第1刷発行

編 著 者 ＴＡＣ知的財産管理技能検定®講座
発 行 者 猪 野 樹
発 行 所 株式会社 早稲田経営出版

〒 101-0061
東京都千代田区神田三崎町 3-1-5
神田三崎町ビル
電話 03（5276）9492（営業）
FAX 03（5276）9027

印 刷 株式会社 光 邦
製 本 東京美術紙工協業組合

© Waseda Keiei Syuppan 2021　　Printed in Japan　　ISBN 978-4-8471-4865-1
N.D.C. 507

本書は，「著作権法」によって，著作権等の権利が保護されている著作物です。本書の全部または一
部につき，無断で転載，複写されると，著作権等の権利侵害となります。上記のような使い方をされ
る場合，および本書を使用して講義・セミナー等を実施する場合には，小社宛許諾を求めてください。

乱丁・落丁による交換，および正誤のお問合せ対応は，該当書籍の改訂版刊行月末日までといたし
ます。なお，交換につきましては，書籍の在庫状況等により，お受けできない場合もございます。
また，各種本試験の実施の延期，中止を理由とした本書の返品はお受けいたしません。返金もいた
しかねますので，あらかじめご了承くださいますようお願い申し上げます。

書籍の正誤についてのお問合わせ

万一誤りと疑われる箇所がございましたら、以下の方法にてご確認いただきますよう、お願いいたします。

なお、正誤のお問合わせ以外の書籍内容に関する解説・受験指導等は、**一切行っておりません。**
そのようなお問合わせにつきましては、お答えいたしかねますので、あらかじめご了承ください。

1 正誤表の確認方法

CYBER TAC出版書籍販売サイト
BOOK STORE

早稲田経営出版刊行書籍の販売代行を行っているTAC出版書籍販売サイト「Cyber Book Store」
トップページ内「正誤表」コーナーにて、正誤表をご確認ください。

URL:https://bookstore.tac-school.co.jp/

2 正誤のお問合わせ方法

正誤表がない場合、あるいは該当箇所が掲載されていない場合は、書名、発行年月日、お客様のお名
前、ご連絡先を明記の上、下記の方法でお問合わせください。
なお、回答までに1週間前後を要する場合もございます。あらかじめご了承ください。

文書にて問合わせる

● 郵 送 先　〒101-0061 東京都千代田区神田三崎町3-1-5 神田三崎町ビル
株式会社 早稲田経営出版 出版部 正誤問合わせ係

FAXにて問合わせる

● FAX番号　**03-5276-9027**

e-mailにて問合わせる

● お問合わせ先アドレス　**sbook@wasedakeiei.co.jp**

※お電話でのお問合わせは、お受けできません。また、土日祝日はお問合わせ対応をおこ
なっておりません。
※正誤のお問合わせ対応は、該当書籍の改訂版刊行月末日までといたします。

乱丁・落丁による交換は、該当書籍の改訂版刊行月末日までといたします。なお、書籍の在庫状況等
により、お受けできない場合もございます。
また、各種本試験の実施の延期、中止を理由とした本書の返品はお受けいたしません。返金もいたし
かねますので、あらかじめご了承くださいますようお願い申し上げます。

早稲田経営出版における個人情報の取り扱いについて
■お預かりした個人情報は、共同利用させていただいているTAC（株）で管理し、お問い合わせへの対応、当社の記録保管および当社商品・サービスの向上にのみ利用いたしま
す。お客様の同意なしに業務委託先以外の第三者に開示、提供することはございません（法令等により開示を求められた場合を除く）。その他、共同利用に関する事項等につい
ては当社ホームページ（http://www.waseda-mp.com）をご覧ください。

(2020年10月現在)